Reeh · Schulkunst

Den Kindern und allen an den Projekten Beteiligten

„Habt keine Angst.
Das Leben ist im Grunde ganz einfach, und der Mensch kann viel.
Um die Welt zu erkennen, braucht ihr die Kunst.
Sie ist das einzig Verlässliche."

Dieter Forte an die Schüler der Dieter-Forte-Gesamtschule 14. Juni 2007

Ute Reeh

Schulkunst

Kunst verändert Schule

Mit Unterstützung des Schulverwaltungsamts Düsseldorf, Referat Schule, Kultur, Beruf; des Kulturamts der Stadt Düsseldorf; des Düsseldorfer Schulpreises der Westdeutschen Zeitung; des Düsseldorfer Netzwerks „Bildung für nachhaltige Entwicklung" im NRW Modellversuch „Agenda 21 in Schule und Jugendarbeit"; MGL METRO Group Logistics. Besonderer Dank gilt Margaretha Kurmann, Sybille Petrausch, Georgia Leinenbach-Kotsialou, Alexandra Haußmann und Thomas Düssel.

Impressum

www.beltz.de

1. Auflage 2008

© 2008 Beltz Verlag · Weinheim und Basel

Fotos: Ute Reeh, Düsseldorf
Gestalterisches Konzept: Claudia Grönebaum, Köln
Satz: Sebastian Bertalan, Düsseldorf; Stefan Michaelsen, Essen
Druck: Druck Partner Rübelmann, Hemsbach
Umschlaggestaltung: Sebastian Bertalan, Düsseldorf
Umschlagabbildung: Ute Reeh, Düsseldorf
Printed in Germany

ISBN 978-3-407-62632-5

Inhaltsverzeichnis

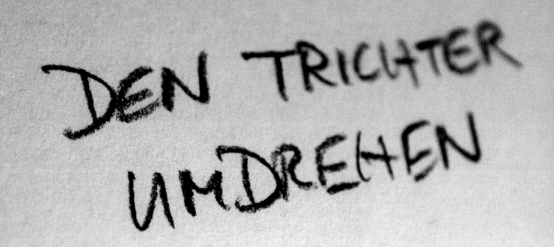

Schule lässt sich umgestalten

Jeder kann dabei einen anderen Beitrag leisten. Manche sind prägender, manche ganz bescheiden. Wir können mit unserer Energie und unseren Fähigkeiten etwas Erwünschtes und Anerkanntes zu dem System, in dem wir leben und arbeiten, beitragen. Es verändert sich dadurch nicht völlig, aber spürbar, es lebt.

Schulkunst bedeutet, den Lebensraum Schule wach und offen zu betrachten und gemeinsam zu gestalten. Schulkunst macht das Potenzial der vielen an Schule beteiligten Menschen in seinem Reichtum sichtbar. Schülerinnen und Schüler werden nicht als Menschen gesehen, die diszipliniert und denen Lerninhalte „eingetrichtert" werden müssen. Das ändert die Blickrichtung auf Schule grundsätzlich. Die Impulse, die jeder Einzelne beisteuern kann, werden zum Ausgangspunkt, Schule zu gestalten.

Kinder und Jugendliche sind vor, in und nach der Pubertät voller Energie und Selbstentfaltungswünsche. Schulkunst kann dieser Energie Raum geben. Es zeigt sich, dass Schüler bereit und voller Lust sind, neue und auch schwierige Aufgaben zu übernehmen. Sie strengen sich an und zeigen Ausdauer. Ist aktives und eigenständiges Handeln möglich, erzeugt Schule und Gesellschaft das, was immer gewünscht wird: Konzentration, Identifikation und Durchhaltevermögen.

Schulische Abläufe lassen oft nur vorstrukturiertes Handeln zu. Festgefahrene Traditionen und die eigene Schulerfahrung erzeugen und festigen den Glauben, es ginge nur „so". Durch Impulse von außen und funktionierende Beispiele wird erkennbar, dass vieles doch und auch ganz anders möglich ist.

Schule dient vor allem dem Erwerb kultureller und sprachlicher Konventionen. Problematisch wird es dann, wenn man dabei zu kultivieren vergisst, was jeder Einzelne in jedem Alter zu Schule und Gesellschaft beitragen kann. Die gegenwärtige Entwicklung verstärkt genau diese Tendenz: Mit zunehmendem Leistungsdruck, Vergleichsarbeiten, Zentralabitur soll eine höhere „Effizienz" erreicht werden. Statt den Schwachstellen des Systems mit Alternativen zu begegnen, werden die tradierten Strukturen noch enger geplant. Das lässt dann noch weniger Zeit für Kreativität und eigenständiges Lernen. Die Erwartung an Schüler wie Lehrer, sich normiert zu verhalten, verstärkt sich. Individualität, Kreativität und Selbstwirksamkeit werden vernachlässigt. Zugleich wächst die Verwunderung darüber, dass sich eigenständiges Denken immer seltener zeigt. Dabei wissen wir, wie wichtig selbständiges Denken und Handeln für das Lernen sind. Damit dieses so verblüffend seltene Selber-Denken und -Handeln in der Schule mehr Raum bekommen kann, benötigt es strukturellen Schutz. Dieser Schutz besteht bei den Beispielen, die ich in diesem Buch darstelle, unter anderem darin, sehr kleine Gruppen zu bilden. Die Form der Arbeit lässt sich, wenn die Schüler ihre Tragweite verstanden haben, auf größere Gruppen ausdehnen. Es sind dazu Menschen nötig, die sich außerhalb der Lehrer-Schüler-Polarität befinden.

Die Gestaltung des Lebensraums Schule sollte mit all jenen gemeinsam entwickelt werden, die darin leben und lernen. Vor allem mit den Schülern, die täglich erleben, was schön ist und was gut funktioniert, was fehlt und wo die Probleme liegen. Jeder einzelne Schüler, jeder einzelne Lehrer, jede Verwaltungskraft, jede Reinigungskraft, jeder Hausmeister kann seine Beobachtungen beisteuern. Es ist höchst erstaunlich, was alles geplant wird, ohne dass man die Betroffenen dazu befragt. Damit sich das an Schulen ändert, ist es nötig, den Reichtum zu begreifen, der entsteht, wenn die Kreativität aller Beteiligten Raum findet.

Wer sich mit seinen Ideen und Wünschen angenommen fühlt – und das auch tatsächlich ist –, kann sich in Schule einfügen und sich in ihr konstruktiv entfalten. Schulkultur, die gemeinsam entwickelt wurde, wird von allen getragen und geschützt. Kommt es dennoch zu Vandalismus oder Regelbrüchen, müssen neue Gestaltungen entwickelt werden.

Sich willkommen und mit den eigenen Fähigkeiten respektiert fühlen ist die Basis für funktionierende Schule

Damit solche Prozesse die Zustimmung aller erfahren, benötigen sie eine sensible Begleitung. Es ist erforderlich, die Form des Ganzen im Blick zu behalten und gleichzeitig den Beitrag jedes Einzelnen zu würdigen und zu unterstützen. Den Blick auf das Ganze zu richten ist eine der klassischen gesellschaftlichen Funktionen von Künstlern. An dieser Stelle ist Verantwortungsbewusstsein und Durchhaltevermögen unmittelbar mit ihr verknüpft.

Die künstlerische Aufgabe besteht darin, die Gestaltungsprozesse zu moderieren und zu begleiten. Mit Gestaltung sind hier explizit alle Formen und Ebenen gemeint – von der Architektur bis zur Arbeitsform, von der Gruppengröße und -zusammensetzung über die Kommunikation bis hin zu den Orten, an denen gearbeitet und entschieden wird. Die begleitenden Erwachsenen müssen das Bewusstsein mitbringen, wie stark Form und Inhalt miteinander in Wechselwirkung stehen. Künstlerische Herausforderung ist es, aufmerksam darüber zu wachen, dass die äußere Form jedes Projektes als Ganzes überzeugend ist und zugleich offen für Vielfalt, Komplexität und Veränderung bleibt.

Die Kunst, zugleich außerhalb zu stehen und verbunden zu sein

Unabdingbar sind Respekt, Sensibilität und Verbundenheit mit dem gesamten Organismus Schule. Dazu gehört auch das Verständnis für die Rollen und Zwänge von Lehrern und Schülern. Die hier vorgestellte Schulkunst ist nachhaltig angelegt und braucht personelle Kontinuität. Sie ist die Kunst, außerhalb zu stehen und zugleich eingebunden zu sein.

Schule

Zur Schule gehören der Parkplatz, der Schulhof, die Architektur des Gebäudes, die Spuren der Menschen. Zu ihr gehören die Kinder und Jugendlichen, ihre Herkunftsfamilien, die Lehrer, die Referendare, die Schulleitung, die

Hausmeister, die Verwaltungs- und Reinigungskräfte, die Sozialarbeiter und Schulpsychologen. Zur Schule gehört ihre Struktur: der Stundenplan, der Zeittakt, die Raumverteilung, die Klassen- und Gruppengrößen, die Separation des Unterrichts in verschiedene Fächer. Die Klassenlehrer, die Arbeit in Teams oder jeder für sich allein, die Fachkonferenzen, Jahrgangsstufen-, Lehrerkonferenzen, auf denen sich Lehrer manchmal so benehmen wie ihre Schüler, die Gremien und Ausschüsse.

Zur Schule gehört das Schulverwaltungsamt, das Amt für die Gebäudeinstandhaltung, die Bezirksregierung, das Ministerium, Politiker, Erlasse und Verordnungen. Zur Schule gehört aber auch die Geschichte ihrer Entstehung und Veränderung, ihre verschiedenen Entwicklungsphasen. Und schließlich ist Schule auch ein hierarchisches System von Zuständigkeiten. Ein System, in das ganz unterschiedliche Menschen eingebunden sind: Engagierte, überarbeitete, enttäuschte, souveräne, offene, engstirnige, ängstliche, mutige ...

Projektarbeit

Es geht anders Am Beginn eines jeden Projektes steht immer ein Problem, etwas, mit dem alle unzufrieden sind. Kunst geht davon aus, dass es sicher auch anders möglich ist, dass sich für das jeweilige Problem eine Lösung finden lässt – und nicht nur eine, sondern sogar viele, unter denen sich die für den jeweiligen Zeitpunkt beste finden lässt.

Der erste Schritt in ein Projekt bedeutet für jede Teilnehmerin und jeden Teilnehmer, sich selbst und die anderen wahr- und ernst zu nehmen. Je normierter ein System und je größer der Anpassungsdruck ist, desto kleiner sollten deshalb die Arbeitsgruppen sein. Praktisch sieht das so aus, dass eine kleine Gruppe von Schülern aus dem Unterricht in das parallel stattfindende Projekt geht. Es sind jedes Mal andere Schüler, so dass alle Einblick erhalten und aktiv beteiligt sind. Kultiviert und pflegt man dieses Prinzip, lassen sich manche, aber nicht alle, Arbeitschritte auch mit größeren Gruppen gehen.

In einem zweiten Schritt folgt das Finden und Erfinden der adäquaten Ausdrucksformen. Alle am Projekt Beteiligten sind dabei mit ihrem ganzen Wissen und mit all ihren kreativen, praktischen und sozialen Fähigkeiten gefragt. Wo das nicht reicht, sollten Personen von außerhalb hinzugezogen werden. Die Form des Projekts wird mit jedem Arbeitsschritt, manchmal nur wenig, aber doch spürbar, neu angepasst. Heraus kommen konstruktive, pragmatische, sehr konkrete Ideen und realisierbare Lösungen. Das ist an jeder Schule möglich.

Sämtliche Projektbeispiele in diesem Buch sind an der Dieter-Forte-

Gesamtschule entstanden. Sie ist eine große, ganz normale, nordrhein-westfälische Gesamtschule, die im industriellen Süden Düsseldorfs liegt. Wegen ihres hohen Anteils von Schülern mit Migrationshintergrund wurde sie als förderungswürdig eingestuft. Die Projekte, die zu Beginn niemand – weder die Kinder noch die Lehrer – für möglich gehalten hatten, sind inzwischen zum selbstverständlichen Bestandteil des Schulalltags, des Schulprogramms und des sozialen Curriculums geworden. Sie hatten Zeit, sich über den Zeitraum von zehn Jahren zu bewähren. Und sie wirken jeden Tag.

Es geht mit allen Schülern

Erfolgreich sind die Projekte unter anderem deshalb, weil alle daran mitarbeiten. Querdenker, die sonst oft negativ auffallen, sind hierbei besonders gefragt, denn die sogenannten schwierigen Kinder und Jugendlichen reagieren besonders sensibel. Sie sind wie Seismografen für Qualität und Stimmigkeit. Sie sind diejenigen, die häufig gegen schulische Normen verstoßen und werden deswegen von ihren Mitschülern bewundert. Durch ihre Mitarbeit gewinnt das Projekt an sozialem Prestige und Ansehen in der Schülergemeinschaft, so dass es für alle eine „Ehre" ist, mit dabei sein zu dürfen. Wenn man die Energie und Kraft von Jugendlichen – auch von denjenigen, die lethargisch sind oder destruktiv agieren – bewusst wahrnimmt und sie mit Anspruch und Professionalität begleitet, entstehen erstaunliche Dinge.

Vertrauen in die Fähigkeiten jedes Einzelnen ist die Voraussetzung

Zum Erfolg der Projekte gehören aber auch die mitwachsenden Muster und Rituale des Arbeitens sowie die dort erprobten technischen und formalen Lösungsmöglichkeiten.Die beschriebenen Projekte sind ganz oder in Teilen auch an anderen Schulen umsetzbar. Prinzipien, Erfolgsschlüssel und notwendige Ressourcen sind erkennbar. Die Projekte leben allerdings nur genau so lange, wie sie sich als kontinuierlicher Prozess weiterentwickeln. Unerlässlich ist dabei die Kommunikation und Zusammenarbeit mit allen beteiligten Erwachsenen. Schulkunst braucht das Verständnis und die Unterstützung der Schulleitung und der Kollegen, um parallel zur starren schulischen Struktur arbeiten zu können. Dazu möchte ich jede Schulleitung und jedes Kollegium, jede Lehrerin und jeden Lehrer ermutigen.

Strukturen sind wichtig, um frei zu arbeiten

Letztendlich entscheidend ist jedoch eine Haltung, die es ermöglicht, Schwierigkeiten als Chance für Veränderung zu erkennen und in Menschen ihre Fähigkeiten sowie ihr tief verwurzeltes Bedürfnis nach Eigenem und nach Gemeinschaft zu sehen. Ich habe noch keinen Schüler erlebt, der nicht die Sehnsucht hat, innerhalb der Gruppe anerkannt und wertgeschätzt zu werden – ganz unabhängig davon, wie antisozial er sich gelegentlich im Alltag verhält. Menschen wollen wertgeschätzt werden, als Individuum und als Teil einer Gemeinschaft.

**Distanz ermög-
licht unverzerrte
Wahrnehmung**

Um die bestehende Situation als Begleiter möglichst realistisch und un-
verzerrt erfassen zu können, ist Distanz eine notwendige Voraussetzung.
Sie ermöglicht es, die Spielräume der Strukturen und deren blinde Flecken
wahrzunehmen. Der Blick von außen hilft die vorhandenen Spannungen
zu bemerken, sie auszuhalten und als fruchtbar zu begreifen. Das bedeutet,
möglichst viel von dem, was an einer Schule untergründig vorhanden ist
und bislang weder Form noch Raum gefunden hat, erkennbar zu machen.
Dadurch, dass das Unausgesprochene eine sichtbare Form erhält, wird es
Teil der „fassbaren" Realität.

Kunst

Was passiert, wenn Kunst auf Schule trifft? Lässt sich das, was dabei entsteht, für die Weiterentwicklung von Schule nutzen?
Kunst kultiviert Blickrichtungen, die notwendig sind, damit Gesellschaften
lebendig bleiben. Mein Verständnis von Kunst beinhaltet Aufmerksamkeit
in jeglicher Beziehung: menschlich, handwerklich und in Bezug auf visuelle
Bildung. Kunst richtet den Blick auf die dynamische Wechselwirkung von
Architektur, Schulstruktur und menschlichen Beziehungen. Kunst macht
achtsam für den eigenen Körper. Kunst macht sichtbar und sie berührt,
wenn sie gut ist.

**Der Prozess ist
wesentlich**

Meine persönliche Haltung als Künstlerin hat mit meiner Vorstellung von
Performance zu tun. Diese beinhaltet, dass es bloße Zuschauer nicht gibt,
sondern immer nur Mithandelnde. Die Arbeit in und mit der Schule geschieht in Analogie zur Entwicklung einer prozessualen Performance, die
versucht, alle ihre Faktoren mit einzubeziehen. Im gesellschaftlich institu-
tionalisierten Ort Schule wird ein langfristig angelegter Prozess initiiert.
Dieser ist die eigentliche künstlerische Arbeit.

**Gestaltung bezieht
sich auf alle Bereiche
von Schule**

Als Projektinitiatorin bin ich für den äußeren Rahmen verantwortlich. Zu
diesem gehören auch so profane Dinge wie Geld, Zeit, Ort, Raum, Zusam-
mensetzung der Gruppen. Inhaltlich besteht die Aufgabe vor allem im
Verstärken der Wünsche, im Offenhalten des Raumes für jeden Einzelnen
und in der ästhetischen Gesamtverantwortung. Die durchgeführten Projekte
sind autonom und zugleich Teil des Organismus Schule. Sie sind prozesshafte, wandlungsfähige Impulsgeber innerhalb eines trägen, manchmal
erstarrten Systems.
Schule braucht Erwachsene, die Schüler bei der Erfahrung begleiten, dass
sich Schule und Gesellschaft gestalten lassen. Dass es eine Wechselwirkung
gibt zwischen großen, schwerfälligen Systemen wie Gesellschaft und
Schule und dem, was wir als eigene Beiträge neu hinzufügen – unabhängig davon, wie groß oder klein diese sind. Dies so zu sehen, steht in einer

langen Tradition: von der russischen Avantgarde, dem Bauhaus und dem
Dadaismus über Fluxus, die Situationisten und Beuys' Kunstbegriff bis hin
zu heutiger Interventionskunst.

Schulkunst bedeutet die Vernetzung von künstlerischem Denken und **Kontinuität ist nötig**
Schulkultur. Dies steht im Gegensatz zu isolierten Projekten von außen.
Diese können für das einzelne Kind Bedeutung haben, sind aber, unver-
bunden, in der Schule bald vergessen. Das unterscheidet eingebundene,
mit den Beteiligten gemeinsam entwickelte und langfristig angelegte
Projekte von punktuellen. In diesem Buch geht es daher auch nicht um
von Künstlern erfundene Projekte, die Schule bunter machen oder de-
korieren. Es geht um die künstlerische Begleitung von schulimmanenten
Entwicklungen.

Projekte, die uns täglich umgeben, können, formale Zurückhaltung vor- **Visuelle Spuren sind**
ausgesetzt, durch Kontinuität und sinnliche Präsenz eine Atmosphäre **im Schulalltag für**
schaffen, die für jeden offen und verständlich ist und auf das tagtägliche **alle präsent**
Schulleben Einfluss hat. Künstler sollten für Schule heute genauso selbstverständlich sein wie Lehrer, Hausmeister und Schulpsychologen.

Und wie definiert man diesen neuen „Beruf"? **Schulkünstler**
Schulkünstler sind Professionelle auf ihrem Gebiet, so wie Gärtner,
Architekten, Ingenieure. Sie sind nicht Ersatz für Lehrer, sondern Beistand
und Begleiter für Schule als sich veränderndes System, für Projekte der
Lehrerinnen und Lehrer und für die Kinder und Jugendlichen. Je stärker
die Gesellschaft die Tendenz hat, bestimmte Jugendliche auszugrenzen,
desto nötiger werden solche Personen, um die kreativen Fähigkeiten, die
jeder Mensch mit sich bringt, wahrnehmen zu können. Warten Sie nicht,
fangen Sie an und holen Sie sich die Hilfe, die Sie brauchen, von außen
dazu.

Und nun?
Wenn man sich nur ein wenig umblickt, fallen einem die Projekte in den
Schoß. Die vorbereitende und organisatorische Arbeit natürlich nicht.
Fangen Sie klein an, dann ist es ganz einfach. Lassen Sie sich helfen. Sie
bekommen sehr viel zurück, von den Kindern und Jugendlichen und durch
gemeinsam erfahrene Lebensfreude.

Es gibt Übungen, um den Blick zu öffnen und die Perspektive zu wechseln,
eine für Kinder wie für Erwachsene gleichermaßen wichtige Erfahrung.
Jedes Beispiel, das ich hier aufführe, um die Prinzipien von Schulkunst zu
erläutern, endet mit einem Vorschlag, den Sie selbst ausprobieren können – unabhängig davon welche Fächer Sie als Lehrer unterrichten, oder

ob Sie sich als Schulkünstler engagieren. Im Anschluss daran nenne ich die Ressourcen, die eine Schule für solche Projektarbeit benötigt, und das, was Sie als Lehrer oder Schulleiter in Ihrer Arbeit unterstützen kann. Einiges wird nur mit zusätzlicher Hilfe von außen gelingen. Am Beispiel zweier langfristiger Projekte, dem „Toilettenprojekt" und dem „Schülercafé International", erläutere ich die Struktur gewachsener Projekte und beschreibe deren Entwicklung und Nachhaltigkeit.

Um das Bild abzurunden, bekommen all jene das Wort, ohne die eine solche Arbeit nicht möglich wäre.

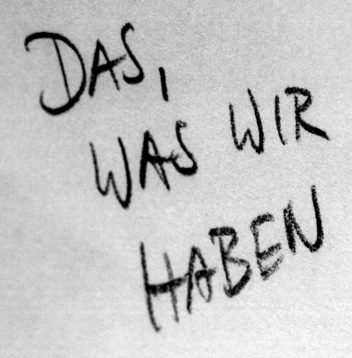

Kreativität, Offenheit, Neugierde, Lebensfreude

Jedes Rot ist willkommen. Jedes neue Rot erweitert die Fülle der
Möglichkeiten, vergrößert die Zahl der Rottöne, die wir gefunden
haben. Jeder Unterschied bringt die anderen Farbtöne stärker zur
Geltung. Alles was wir mitbringen, kommt zum Tragen: Kreativität,
Offenheit, Neugierde und Lebensfreude – ähnlich, aber doch ganz
verschieden sein.

Projekt:
Weihnachtsmänner und
Weihnachtsfrauen

Diese erste Geschichte steht für den Anfang vieler Projekte. Und sie ist zugleich Ergebnis einer Lehrerfortbildung, in der ich den Kollegen Mut machte, Vielfalt konstruktiv aufzugreifen.

Vor Weihnachten: Die Klassen sollen Weihnachtsdekorationen für den schuleigenen Weihnachtsmarkt basteln. Alles ist gleich, wie langweilig. Jeder hat den gleichen Weihnachtsmann im gleichen Rot. In der Schule ist jeder ängstlich darauf bedacht, die richtige Farbe zu nehmen.

Es gibt es kein
richtig und falsch

Beim Kopfrechnen ergeben die gleichen Antworten einen Sinn, bei sehr vielen anderen Themen führen sie zu immer größerer Enge. Sie führen dazu, dass wir für 99 von 100 Möglichkeiten blind werden.

Ich bin in einer 5. Klasse. Der Klassenlehrer hat mich nach der Fortbildung gebeten, ihn zu begleiten, um mit der ganzen Klasse ein Bild mit Weihnachtsmännern und Weihnachtsfrauen zu malen, zu schneiden und zu kleben. Wir beginnen die Unterrichtseinheit von insgesamt drei Doppelstunden mit der Farbe Rot. Wir werden in den nächsten zwei Wochen ein wunderschönes Bild mit drei Weihnachtsmännern und drei Weihnachtsfrauen in rosa-rot wirbelnden Schneeflocken herstellen. Aber heute gehen wir den ersten Schritt, und der ist so wichtig wie das Ergebnis.

„Heute suchen wir unser eigenes Rot. Lege dir einen Zettel und einen Bleistift bereit. Schließe deine Augen. Stelle dir Rottöne vor. Du kannst dir den wünschen und aussuchen, der für dich gerade in diesem Moment deiner ist. Lass dir Zeit, warte, bis du es siehst. Vielleicht ist es ganz zart, vielleicht kräftig, vielleicht heller, vielleicht dunkler, vielleicht warm, vielleicht kühl, vielleicht mehr wie Erde, vielleicht mehr wie eine Frucht … Um es gut in Erinnerung zu behalten, finde ein Wort dafür und schreibe dies auf deinen Zettel."

Vielfalt visuell
präsent machen

Dann mischen die Kinder. Sie bekommen auf einem Pappteller die drei Grundfarben mit dem Auftrag, so viele Rots zu mischen, bis genau ihres dabei ist. Jedes Rot ergibt einen Farbklecks. *„Mindestens 10"*, sage ich, *„aber ihr dürft auch 20, 30 oder 40 Rots finden. Probiert aus, wie sich die Farbe ändert, wenn ihr mehr Wasser nehmt. Kinder, die sehr schnell sind, machen noch mehr."* Was ich als Begleiterin tue? Nichts, außer technische Hilfestellung zu leisten und mich immer wieder zu freuen über jedes neue Rot. Wir werden nachher alle Farben und jeden Klecks verwenden können.

„Wenn ihr euch ganz sicher seid, welches von euren Rots das eigene ist,
nehmt einen Bleistift und zieht einen Kreis darum, schreibt dann euren
Namen dazu." Die Wand füllt sich mit Zetteln und Rottönen. Keiner gleicht
dem anderen.

Jedes Kind kommt einmal nach vorne und zeigt den anderen sein Rot.
Das gehört mit dazu: hinter der eigenen Entscheidung zu stehen. Es
wird deutlich, es gibt hier kein richtig oder falsch. Hier gibt es den eigenen Beitrag. Jedes Rot ist willkommen. Jedes neue Rot erweitert die
Fülle der Möglichkeiten. Jedes vergrößert die Zahl der Rottöne, die wir
gefunden haben. Jede Verschiedenheit bringt die anderen Farben stärker zur Geltung. Das eigene Rot unter den vielen anderen vorhanden zu
wissen befriedigt beide Bedürfnisse: das nach Individualität und das nach
Integration in der Gruppe.

Wort halten:
Jede Farbe wird
verwendet

Farben berühren die Emotionalität. Sie prägen die Räume, in denen wir
uns aufhalten. Ausgehend von dieser Grundlage, haben wir Klassenräume
gestaltet, die Farben für die neue Cafeteria bestimmt, den Eingangsbereich
der Schule, die Aufenthaltsbereiche der Jahrgangsstufen oder einfach nur
die Pinnwand im Klassenraum verändert. In solchen Projekten wird aus
den vielen gefundenen Farben die für den jeweiligen Bereich passendste
gemeinsam ausgesucht. Oft muss sie wieder gemischt werden, aus den
zwei Farben, zwischen denen sich eine Gruppe nicht entscheiden kann.

„Wir wollen ein leuchtendes Rot." – *„Wir wollen Sonnengelb."* Und dann zeigt sich plötzlich:
„Das Orange aus dem Gelb und dem Rotton ist genau die richtige Farbe, nach der wir gesucht
haben. Schaut mal, wie schön sie aussieht zusammen mit dem Blau, das wir bereits gefunden
haben."

Zum Probieren: Die eigene Farbe mischen

Eine einfache Übung, die den Reichtum zeigt, der entsteht, wenn nicht jeder das Gleiche, sondern jeder sein Eigenes beiträgt. Sie eignet sich als Einstieg für viele gestalterische Projekte. Wichtig ist in jedem Fall die Einbettung in ein zielgerichtetes Projekt.

Zeit

1 Doppelstunde

Gruppe

Geeignet für Schüler aller Altersstufen. Die Klasse sollte in Tischgruppen von 2 – 4 Schülern sitzen. Wichtig: gut vorbereitetes Material.

Vorbereitung

Material online bestellen, Lieferzeit etwa 2 – 3 Arbeitstage oder im Fachhandel kaufen.

Vor der Stunde Zeit zum Bereitstellen des Materials einplanen.

Arbeitsanweisung für die Schüler

1. Sammlung von Adjektiven und Attributen an der Tafel, mit denen sich Farben beschreiben lassen: Leuchtend, matt, hell, dunkel, warm, kalt, wie eine Zitrone, feuchte Erde…

2. *„Stelle dir mit geschlossenen Augen deine Farbe vor, male sie dir aus.*
   Öffne die Augen und finde ein oder mehrere Worte, die deine Farbe beschreiben.
   Mische gleich so lange, bis du dir ganz sicher bist, deine Farbe gefunden zu haben. Benutze dazu auch mal alle drei Grundfarben. Beobachte ganz genau, was für Farben entstehen und welche dir gefallen. Vielleicht gefällt dir auch eine, die du dir vorher noch gar nicht vorgestellt hast. Mische so viele wie möglich, mindestens aber 10 (oder 20 oder mehr) Töne."

Ein Kind demonstriert das Mischen mit den drei Grundfarben vor der Klasse. Mit dem Pinsel nimmt es ein wenig von mindestens zwei der drei Grundfarben auf seine Palette und mischt diese darauf. Von jedem Ton kommt ein runder Fleck auf das Papier. Das Kind zeigt, dass die Farbe ganz anders aussieht, wenn sie mit wenig oder mit mehr Wasser verdünnt wird. Jeder Versuch ergibt eine Farbprobe.
Jetzt wird das Material an die Klasse ausgegeben. Die Kleckse der Grundfarben auf dem Farbteller können klein sein. Verteilen Sie die Farbe selbst, oder weisen Sie für jede Tischgruppe einen Farbverteiler ein.

„Zeichnet um die Farbe, für die ihr euch entscheidet, einen Kreis." Wer fertig ist, hängt sein Blatt Papier mit den Farbtönen vorne in der Klasse auf. Ganz zum Schluss geht jeder einmal nach vorne und stellt seine Farbe vor. Für Gruppen, die diesen Ablauf schon kennengelernt haben, gibt es eine Erweiterung: *„Wenn du vorne bist, suche dir eine weitere schöne Farbe zu deiner dazu. Du kannst unter allen Farben, die du auf den anderen Zetteln siehst, wählen."*

Material

- Schultemperafarbe in den Grundfarben Cyan, Magenta, Gelb
- Teller oder Pappteller als Paletten
- Pinsel
- Wasserbecher
- A3-Papier: weißes, festes, mattes Zeichenpapier ist geeignet
  Auch möglich: einfaches weißes A4-Schreibpapier
- Schwamm und Lappen zum Wischen der Tische
- Tesa-Krepp zum Aufhängen der Ergebnisse

Für jede Tischgruppe

- 1 Teller mit je einem Klecks der 3 Grundfarben

Für jeden Schüler

- 1 (Papp-)Teller als Mischpalette
- 1 Pinsel
- 1 Wasserbecher
- Papier

Tipp

Probieren Sie es für sich selbst aus. Mit ganz einfachen Mitteln schaffen Sie sich so eine Pause vom täglichen Funktionieren. Ihre Individualität wird sichtbar. Lassen Sie so viele Farbtöne entstehen, bis Sie sich ganz sicher sind, Ihre Farbe gefunden zu haben.

WIR SIND HER

Ich kann etwas tun, das für alle einen Sinn hat

Vertrauen in die eigene Kreativität und in die anderer Menschen.
Vertrauen in die eigene Fähigkeit, die Qualität von Ideen zu erkennen.
Beziehen Sie die Sehnsucht der Kinder nach Selbstwirksamkeit und
Anerkennung ein und Sie gewinnen für Ihre Schule Ausstrahlung,
Ästhetik und Außenwirkung.

Projekt:
Schülerdenkmal

Unglaublich, welcher Reichtum in den Menschen liegt. Fatma, schüchtern und verschlossen, entwirft den Vorschlag, für den sich 80 Prozent der Schüler und Lehrer entscheiden.

Unglaublich, was alles entstehen kann – auch wenn nicht alles realisiert wird. Dies gelingt nur dann, wenn die Schule es schafft, die finanziellen Mittel durch Sponsoring oder Eigenmittel bereitzustellen. Aber auch Entwürfe, die alle kennen, weil sie jeder gesehen und sich alle mit ihnen beschäftigt haben, wirken auf die Schule zurück.
Die größte Motivation von Arbeit liegt darin, dass das Ergebnis schön sein soll und von den anderen gemocht, bewundert und benutzt wird.

„Die Schüler wünschen sich ein Denkmal – für ihre Schule."

Ästhetik und
Ausstrahlung

Das war das Ergebnis des Eltern-Lehrer-Schüler-Seminars, das 2005 stattfand, um den Weiterentwicklungsbedarf der Schule zu diskutieren. Die Schülervertreter machten mehrere Vorschläge: Die Schule soll übersichtlicher und schöner werden und sie braucht ein Denkmal. Ganz konkret heißt das: ein besseres Leitsystem für das riesige Gebäude, eine schönere Eingangssituation und eben dieses Denkmal.

Impulse aufnehmen

„Ein Schülerdenkmal. Ja, das begleite ich", bot ich an. So bekam die Kunst-AG am freien Dienstagnachmittag Zuwachs von Schülern aus der Oberstufe. Vier Schülerinnen und Schüler der Klassen 5 und 6 sowie vier der 11. Jahrgangsstufe machten sich an die Arbeit.
Wir sammelten Ideen, wir skizzierten und diskutierten. Jede und jeder bauten ein Modell aus Ton, Draht und Farbe. Wir suchten nach Standorten, fotografierten und montierten Fotos der Modelle am Computer so in die Bilder, dass die Denkmäler für die Schulöffentlichkeit konkret vorstellbar wurden.
Wir stellten die Modelle und die Simulationen aus und organisierten eine Abstimmung unter allen Schülern und allen Lehrern. Es gab einen ganz klaren Gewinner: „Die Farben der Welt" von Fatma Ekici. Fatma ist eine Schülerin, die oft zurückhaltend und eher schüchtern wirkt. Von ihr stammt dieser Entwurf, der so voller Dynamik, Stolz und Wissen um den Reichtum dieser Schule mit so vielen Schülerinnen und Schülern aus so vielen Ländern ist.

Erfahrung bereitstellen

Zwei Jahre würden wir brauchen für die Planungsphase, die statischen Berechnungen, deren Prüfung, den Antrag und die Genehmigungen des

Hochbauamtes, die Suche nach Sponsoren und nach geeigneten Firmen zur Umsetzung. Ja, es wäre möglich, dieses Denkmal zu errichten. Ich würde die Suche nach Sponsoren, den Gang durch die Ämter, die Zusammenarbeit mit Statikern und Firmen begleiten müssen. Dafür sind jedoch keine zeitlichen Kapazitäten frei.

Das könnte zwar auch eine Klasse der Oberstufe übernehmen, aber das Unterrichtsfach „Projektmanagement und Produktionsbegleitung" gibt es an der Schule nicht.

Ich bin immer noch davon beeindruckt, wie gut der Entwurf ist. Ich werde mich für die Schule freuen, wenn er realisiert werden sollte. Aber eines ist jetzt schon geschehen: Alle Schüler und alle Lehrer haben sich damit beschäftigt, dass die Schule und die Schüler es verdienen, ein Denkmal zu bekommen und zu zeigen: Wir sind wer.

Innen- und Außenwirkung

**Nächste Seite:
Entwurf
„Die Farben der Welt"
von Fatma Ekici**

Zum Probieren: Groß denken

Schüler entwerfen Vorschläge für die Umgestaltung ihrer Schule, ein Projekt, das mit einer ganzen Klasse umsetzbar ist und von dem die ganze Schule profitiert.

Zeit

3 – 4 Doppelstunden

Voraussetzung

Vertrauen in das eigene gestalterische Gespür und in die Kreativität der Schülerinnen und Schüler

Gruppe

Die hier beschriebene Technik einer Collage aus zwei gemalten Bildern ist für Schüler der Klassen 5 – 7 geeignet. Sie können auch mit Fotos und einem Bildbearbeitungsprogramm am Computer arbeiten.

Vorbereitung

Material zusammenstellen

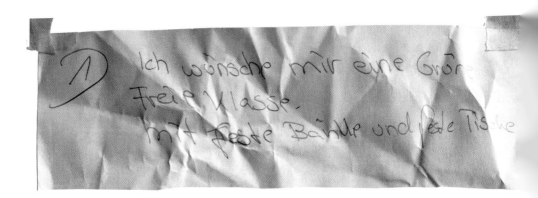

Arbeitsanweisung für die Schüler

Erste Doppelstunde:

1. *„Lege dir ein Blatt Papier auf den Tisch und einen*
   Bleistift daneben.
   Schließe die Augen und stelle dir vor: Du bist dort, wo
   du dich in den Pausen am liebsten aufhältst.
   Was gefällt dir dort besonders gut?
   Was fehlt dir? Was sollte anders sein?
   Stelle dir vor, du könntest dir genau das wünschen.
   Wie soll es aussehen? Was soll anders sein?
   Öffne die Augen und schreibe 5 Dinge auf, die du dir
   für diesen Ort wünschst.
   Du kannst sie auch aufzeichnen. Versuche genau zu be-
   schreiben oder zu zeichnen. Du hast dafür
   15 Minuten Zeit."
2. Alle Ideen werden vorgelesen und an die Tafel geschrieben. Ein Schüler notiert sie für alle auf einem
   Blatt Papier mit. Doppelt genannte Ideen werden mit
   Strichen markiert.
3. Wir sammeln die beliebtesten Orte an der Schule.
   Hinter jeden Ort schreiben wir die Namen der Kinder,
   die ihn gewählt haben. Dann legen wir eine Reihenfolge für einen Rundgang fest.
4. Wir gehen zusammen durch die Schule. Die Kinder,
   deren Ort gerade „dran" ist, bestimmen, wie ihr Ort
   fotografiert wird. Auf dem Foto ist der Ort so zu sehen,
   wie er jetzt noch aussieht.

Tipp

Achten Sie darauf, dass keine Ideen verloren gehen.
Schüler, denen etwas anderes als ihren Mitschülern eingefal-
len ist, haben in einer großen Gruppe häufig die Tendenz,
ihre eigene Idee zu entwerten. Oft sind gerade diese Ideen
besonders wertvoll.

Material

1. Doppelstunde
• A4-Papier
• Bleistifte
• Digitalkamera
• Tesa-Krepp zum Aufhängen der
  Ergebnisse

2. – 4. Doppelstunde
• Farbkästen
• Wassergläser
• Pinsel
• A3-Papier: weißes, festes, mattes
  Zeichenpapier ist geeignet
• Tesa-Krepp zum Aufhängen der
  Ergebnisse
• Scheren
• Klebstoff
• A4-Papier
• Bleistifte

2.–4. Doppelstunde:

Die Fotos werden in der Klasse aufgehängt, zur Motivation und Erinnerung. Daneben hängt der Zettel mit den Ideen.

1. *„Male den Ort, für den du dir etwas gewünscht hast, so wie er jetzt aussieht."*
2. *„Wenn du damit fertig bist, male auf ein zweites Blatt das, was du dir gewünscht hast. Du kannst auch alle 5 Dinge malen."*
3. *„Schneide sie aus und suche den besten Platz für sie auf deinem ersten Bild. Berate dich dabei auch mit deinem Nachbarn. Klebe die Dinge auf. Nimm ein A4-Blatt, beschreibe den Ort und weshalb er dir so gut gefällt."*
4. *„Dann beschreibe deine Veränderungsvorschläge."*

Organisieren Sie eine Ausstellung mit Eröffnung. Die Kinder zeigen ihre Ideen und erläutern sie. Laden Sie die Schulleitung dazu ein, denn die Ideen der Schüler werden häufig unterschätzt oder gar nicht wahrgenommen. Es lohnt sich zu überlegen, wie diese umgesetzt werden können. Oft ist das mit geringen Mitteln möglich.

MAN HAT ES
FÜR UNS
SCHÖN GEMACHT

Bereitschaft, etwas für andere zu tun

Wir haben hier etwas großes Weiches geschaffen und eine Heimat
für den 5. und 6. Jahrgang. Etwas, zu dem die Kinder, die neu auf die
Schule kommen, sagen: „Man hat es für uns schön gemacht!"

Projekt:
Tobewurst

Es ist mein erster Besuch und Rundgang durch die Schule, vor zehn Jahren, 1998. Die Direktorin zeigt mir das Schulgebäude während der Unterrichtszeit. Wir gehen durch lange, leere Flure mit Neonbeleuchtung, die Wände bestehen aus Pressspan und sind mit gelbem abwaschbaren Kunststoff überzogen. Überall geschlossene Glastüren mit orangeroten Rahmen, keine Ecken, in die man nicht hineinschauen kann, brauner Teppichboden, grüne Notausgangsschilder, breite orangefarbene Streifen mit Orientierungs-nummern. Der Flur weitet sich zu einer Fläche, wir sind im Bereich der 5. Jahrgangsstufe. Wieder begegnen uns die gelben Wände, Neonlicht und ausrangierte Flughafenbänke.

Etwas fühlen, um sich
selbst wahrzunehmen

Es klingelt, die Türen öffnen sich, und aus jedem Raum rennen etwa 26 Kinder. Sie schreien und rempeln sich an. Der Gang selbst ist ohne jede Spur von Leben. Das einzige Gegenüber sind die anderen Kinder, und den ganzen Lebensfrust bekommt der nächste ab, der einem gerade in den Weg läuft. Hier gibt es keine Spuren, hier fehlt jeder architektonische Spiegel und jede Möglichkeit, sich selbst wahrzunehmen.

Raum prägt

Ich verlasse die Schule, erschreckt von der Architektur, der Anonymität und zugleich berührt von den Menschen. Dort, in diesem öden, großen Durchgangsbereich des 5. Jahrganges, wird etwas sehr Schönes entstehen. Schüler des 5. und 9. Jahrganges sowie engagierte Kollegen helfen mit. Die Durchgangstüren werden verschlossen und mit raumhohen Platten zu Wänden verschraubt. Eine helle Landschaft bedeckt nun die ganze Rückseite des neuen Raumes. Sie wurde von Schülern des 9. Jahrganges gemalt. In diese Landschaft hinein malten je zwei Kinder aus jeder 5. Klasse Bilder von sich selbst: 16 überlebensgroße Figuren.

Haptik und Größe

Und dann liegt da acht Jahre lang in diesem Raum das, was alle Kinder lieben: die „Tobewurst", eine 25 Meter lange, von einem Sattler genähte, mit Schaumstoff gefüllte stabile Polsterwurst, in die man sich setzen, aber auch hineinschmeißen kann, auf der man herumspringt, turnt, umfällt. Etwas Ganzes, Verbindendes, Großes und Weiches ermöglicht die Beziehung zum Ort und sinnliches, körperliches Erleben.

Das Reparieren
gehört dazu

Ungefähr alle ein, zwei Jahre wurde an der Polsterwurst herumgeritzt, entstanden harmlose kleine Risse. Dann saßen wir immer mal wieder mit den neuen Fünft- und Sechstklässlern zusammen, ausgerüstet mit Sattlernadeln und stopften gemeinsam ihre „Tobewurst". Sie ist inzwischen den Brandschutzauflagen zum Opfer gefallen, aber auch dafür wird es eine Lösung geben. Wir haben bereits recherchiert. Es ist möglich, mit Materialien, die den Auflagen entsprechen, eine neue „Tobewurst" herstellen zu lassen – und sie ist bezahlbar.

Der erste Eindruck eines Gebäudes ist wichtig. Besonders an ihrem ersten Schultag nehmen Kinder intensiv wahr, was ihnen später nicht mehr bewusst ist, sie aber dennoch täglich beeinflusst. Der erste Eindruck ist oft sehr klar.

Der Raum, der für die Jahrgangsstufe jetzt etwas Verbindendes verkörpert, hatte davor für sie keine Funktion.

Durch dieses Projekt ist vieles angestoßen worden: Die Arbeit mit Kindern unterschiedlicher Altersstufen an einem gemeinsamen Projekt, die Erfahrung, dass Firmen und Personen von außen bei solchen Projekten sehr hilfsbereit sind. Und die Erfahrung, wie viel den Kindern zuzutrauen ist.

Die Schüler des 5. und 9. Jahrgangs haben gemeinsam eine Heimat für den 5. und 6. Jahrgang geschaffen. Sie haben den Raum so gestaltet, dass die Kinder, die neu auf die Schule kommen, sagen: *„Man hat es für uns schön gemacht."*

Jedes Projekt öffnet weiteren Projekten die Tür

Zum Probieren: Den Blick von außen nutzen

Gehen Sie mit einem Erwachsenen, der beruflich nicht in die Schule eingebunden ist und noch nie Ihre Schule besucht hat, durch Ihr Schulgebäude. Notieren Sie alles, was er oder sie sagt. Lassen Sie sich alles zeigen, was ihr oder ihm besonders positiv und besonders negativ auffällt. Das hilft Ihnen, die architektonische Situation in Ihrer Schule neu wahrzunehmen.

Bitten Sie die Schüler, das Gleiche zu tun. Stöbern Sie gemeinsam Un-Orte auf. Überlegen Sie, welche Funktion diese haben könnten. Sammeln Sie das, was den Schülern zu diesen Orten einfällt.

Probieren Sie es aus. Sie werden den Anfang Ihres nächsten Projektes entdecken.

Mich hat ein Besucher auf die katastrophal engen Arbeitsbedingungen in einem Lehrerzimmer aufmerksam gemacht. Wie soll man sich da konzentrieren? Jeweils sechs Lehrer teilen sich einen solchen Arbeitstisch.

TIM MACHT MIT

Hoher Anspruch motiviert und bindet

Wenn jüngere und ältere Schüler zusammenarbeiten, gewinnen beide.
Die Jüngeren bekommen echte Anerkennung von den Älteren. Die
Älteren profitieren von dem direkten und authentischen Einfühlungs-
vermögen der Jüngeren. Wichtig für die Zusammenarbeit ist, dass die
„Großen" die Pubertät bereits hinter sich haben.

Projekt:
Bühnenbild

Mit Zehn- oder Elfjährigen etwas für Schüler der Oberstufe gestalten? Ist das nicht genau das Gegenteil von anspruchsvoll, so könnte man fragen. Aber es fördert beide Seiten. Alle geben ihr Bestes und das, was entsteht, genügt höchsten Ansprüchen.

Wenn Jüngere und
Ältere zusammenarbei-
ten, gewinnen beide

Es war wirklich zäh und mühsam mit Tim. Er war einfach nicht erreichbar, saß verschlossen da. Vielleicht wurde er auch deswegen zu mir geschickt. Unterfordert, sagte seine Klassenlehrerin. Sie hatte Recht. Da bekamen wir für unsere Kunst-AG einen neuen Auftrag: Der Literaturkurs der 12. Jahrgangsstufe brauchte ein Bühnenbild für sein Theaterstück. Die Kunst-AG, die für besonders begabte Schülerinnen und Schüler eingerichtet worden war und sich in diesem Jahr aus Schülern des Jahrgangs 5 und 6 zusammensetzte, nahm den Auftrag an. Wir wurden zu einer Probe eingeladen. Die Akteure der 12. Klasse erläuterten ihre Idee. Sie beschrieben uns die Atmosphäre, die sie auf der Bühne erreichen wollten.

Herausforderungen
machen wach

Tim wachte auf. Er hatte die besten Ideen. Wir arbeiteten an den Entwürfen im Computerraum der Schule. Zwei der älteren Schüler kamen jedes Mal, wenn wir einen Teil abgeschlossen hatten, um mit uns die Details abzustimmen. Sie waren sichtlich beeindruckt. Alle – und ganz selbstverständlich auch Tim – arbeiteten auf diese Präsentationen hin. Wir freuten uns jedes Mal und wussten: Wir sind wirklich gut.
Die Jüngeren wären überfordert gewesen, das Bühnenbild allein umzusetzen. Ihre Arbeitsergebnisse waren maßstabsgerechte präzise Entwürfe, die wir am Rechner zusammenmontierten und bis ins Detail planten. An zwei Nachmittagen betreuten die Schüler des 5. und 6. Jahrgangs die Umsetzung. Nach ihren Vorlagen projizierten, schnitten und nähten die Teilnehmer des Literaturkurses das Bühnenbild. So, in dieser an Comics erinnernden und konzentrierten Klarheit, hätten die Schüler des 12. Jahrgangs selbst das Bühnenbild nie entwerfen können. Beide Gruppen fühlten sich geehrt und gaben ihr Bestes. Natürlich besuchten wir die Premiere. Das selbstgeschriebene Stück mit unserem Bühnenbild – das werden weder ich noch einer der Schüler jemals vergessen. Es war berührend und es war gut.

Diese Erfahrung war der Anlass, mit einer ganzen 5. Klasse das Bühnenbild und die Kostüme für ein Musical des Schulchors zu entwerfen und umzusetzen. Auch dies Projekt verlief erfolgreich.

Eine solche arbeitsteilige Gruppenarbeit ist ein sehr schönes Erlebnis für die Kinder, die praktische Realisierung war aber nur mit Hilfe der beteiligten Kunststudenten möglich. Denn es zeigte sich, dass für die Umsetzung der Entwürfe und für eine handwerklich anspruchsvolle arbeitsteilige Gruppenarbeit mit einer ganzen Klasse mindestens drei, besser vier gut vorbereitete Erwachsene nötig sind.

Die Umsetzung als Gemeinschaftserlebnis

Zum Probieren: Die Kleinen arbeiten für die Großen

Lassen Sie Schüler der 5. und 6. Klassen mit Schülern der höheren Klassen zusammenarbeiten. Beispiel: Bühnenbild entwerfen.

Jüngere Schüler sind häufig ganz unbefangen und in der Lage, sehr authentische Vorschläge zu entwickeln. Sie brauchen dann Hilfe bei der Umsetzung, was vor allem technische und handwerkliche Unterstützung bedeutet. Ganz nebenbei lernen sie zu entwerfen und die Entwürfe zu übertragen.

Zeit

5 Doppelstunden

Gruppe

5. oder 6. Klasse in Kooperation mit einer höheren Klasse

Vorbereitung

Material besorgen und bereitstellen

Besuch einer Probe oder Vorlesen des Theaterstücks

Zum Erfolg eines Theaterstücks gehört ganz wesentlich, dass es gelingt, eine ganz eigene Atmosphäre zu erzeugen. Da dafür die Farbwahl ganz entscheidend ist, empfehle ich, mit den Farben zu beginnen. Im zweiten Teil wird vorerst nur mit Bleistift entworfen und erst im dritten Teil werden die ausgewählten Farben den einzelnen Elementen zugeordnet. Das gewährleistet, eine Vielzahl von ganz unterschiedlichen Vorschlägen der Schüler integrieren zu können, und dies wiederum bereichert sowohl das Ergebnis als auch die Arbeitsatmosphäre.

1. Doppelstunde:
Gemeinsam werden die Farben für das Stück gesucht.
(siehe: Die eigene Farbe mischen, S. 22)
Gibt es mehrere Akte mit unterschiedlichen Atmosphären
und Hintergründen, werden Gruppen gebildet. Jeder markiert die schönsten Farben für das Stück.

2. Doppelstunde:
Zu dem Blatt mit den Farbklecksen bekommt jeder Schüler
ein Deckblatt, in das an der Stelle seiner Lieblingsfarbe
ein passendes Loch geschnitten wird. So werden die Farb-
Vorschläge jedes Einzelnen klar hervorgehoben.

Arbeitsanweisung für die Schüler
Die Auswahl der geeigneten Farben: Jede Farbe wird von
einem Fürsprecher vorgestellt. Das sollte ein anderes Kind
sein als dasjenige, das die Farbe gemalt hat. Durch Abstimmung werden die Hauptfarbrichtungen gewählt. Die
Farben, die nur wenige Stimmen erhalten, kommen später
als besonders kleine Akzente vor. Diejenigen, für welche die
meisten Kinder gestimmt haben, werden für große Flächen,
z.B. als Hintergrundfarbe, verwendet.

Material
- Schultemperafarbe in den
  Grundfarben Cyan, Magenta, Gelb
- Teller oder Pappteller als Paletten,
  Pinsel, Wasserbecher
- Scheren
- Bleistifte
- A4-Schreibpapier mit einge-
  zeichnetem proportionalen Umriss des
  Bühnenhintergrundes
- Tesa-Krepp

4. Doppelstunde
- Zusätzlich Buntstifte und fotokopierte
  Entwürfe der Gruppen

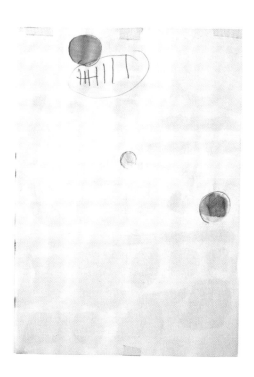

3. Doppelstunde:

Einzelarbeit

Jedes Kind hat einen Bleistift und ein Blatt Papier mit einem eingezeichneten Rechteck im Seitenverhältnis des Bühnenhintergrundes oder der Rückwand des Aufführungsortes auf seinem Tisch liegen.

Arbeitsanweisung für die Schüler

„Schließe die Augen, damit du dich besser konzentrieren kannst. Jetzt stelle dir die Szene, das Stück vor. Wie sieht der Raum (der Platz, der Wald, das Gebäude) aus, in dem sich die Schauspieler bewegen?

Lass dir Zeit, dir alles genau auszudenken. Wenn du die Augen wieder öffnest, nimm deinen Bleistift und zeichne alles so detailliert wie möglich auf. Du kannst es auch mit Worten beschreiben."

Gruppenarbeit

Die Kinder setzen sich in Gruppen von je etwa 4 Schülern. Sie zeigen sich gegenseitig ihre Entwürfe und Ideen. Dann greifen sie die guten Ideen von jedem Vorschlag auf und verarbeiten diese zu einem Gruppenvorschlag. Dieser Prozess

wird einmal exemplarisch moderiert.

Dafür kommt eine Gruppe nach vorne. Alle vier Entwürfe werden an der Tafel befestigt. Jeder Vorschlag wird kurz beschrieben und erläutert. Die gesamte Klasse sucht detektivisch nach den guten Ideen jedes einzelnen Blattes. Dann wird gemeinsam beraten, wie aus diesen Ideen ein Ganzes entstehen könnte. Die Gruppe wird entlassen mit der Vorstellung, die unterschiedlichen Vorschläge so zu einem Ganzen zu fügen, dass sich möglichst alle Vorzüge darin vereinigen.

Arbeitsergebnis jeder Gruppe ist ihr gemeinsamer Vorschlag und, ganz wichtig, eine Liste mit den jeweils besten Ideen jedes einzelnen Kindes und mit den entsprechenden Namen, damit niemand vergessen wird.

Wer fertig ist, bekommt die Aufgabe, zu jedem Vorschlag eine Liste der nötigen Materialien zusammenzustellen.

4. Doppelstunde:

An der Tafel hängen die fotokopierten Entwürfe aller Gruppen und alle ausgewählten Farben entsprechend der Abstimmung. Alle Entwürfe werden vorgestellt und besprochen.

Eine Gruppe (bei mehreren Szenen entsprechend viele Gruppen) erhält anschließend den Auftrag, aus diesen Entwürfen einen gemeinsamen Vorschlag zu entwickeln.

Die anderen Gruppen entwerfen auf der Basis der ausgewählten Farben und mit ihrer jeweiligen Gemeinschaftsskizze einen Vorschlag für die Farbverteilung. Dazu wird der Entwurf mit Buntstiften koloriert.

5. Doppelstunde:

Die älteren Schüler – es reicht auch eine Delegation – werden eingeladen. Der Entwurf und alle Farbvorschläge werden ihnen von der Klasse vorgestellt und erläutert. Sie sagen, was sie gut finden und was vielleicht noch ergänzt werden könnte. Danach erhalten alle Gruppen noch einmal die Gelegenheit, die Anregungen der älteren Schüler aufzugreifen und in ihre Entwürfe einzubauen.

Die Ausführung und Umsetzung der Entwürfe müssen die
älteren Schüler übernehmen. Als Projektleiter sollten Sie darauf achten, die Technik relativ einfach zu halten.

Bewährt hat sich, mit Collagen aus farbigen Stoffen zu
arbeiten, die mit wenigen Stichen auf einen ebenfalls farbigen Hintergrund aus Moltonstoff genäht werden. Eine
Bezugsadresse für relativ günstige Stoffe ist: Cronenberg-
Bühnenbedarf. Sie müssen mit etwa 5 Tagen Lieferzeit rechnen. Achtung, es gibt Mindestbestellmengen.

Geeignet ist Bühnen-Molton und Deco-Molton. Beide entsprechen den Brandschutzverordnungen für öffentliche Aufführungen. Bühnen-Molton ist in 3 m Breite und Deco-Molton
in 1,5 m Breite in 96 Farbtönen erhältlich. Sie können sich eine
Farbkarte per Post zuschicken lassen.

Nach Fertigstellung des Bühnenbildes besuchen alle Kinder,
die mitgearbeitet haben, mit Ihnen zusammen das Stück.

Tipp

Um den Entwurf für den Bühnenhintergrund maßstabsge-
recht zu übertragen, kopieren Sie ihn auf eine Overheadfolie.
Stellen Sie den Overheadprojektor so weit vor einer Wand
auf, dass die projizierte Zeichnung Ihren Bühnenmaßen entspricht. Achten Sie nun darauf, dass der Projektor nicht verstellt oder verschoben wird. Sie können nun die Stoffe für
Ihre Collage mit Tesa Krepp an der Wand befestigen und die
Formen mit weißer Tafelkreide einzeichnen.

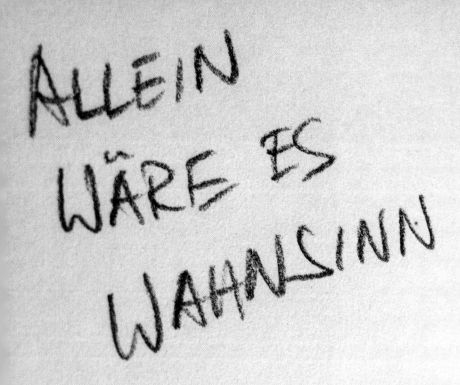

Zusammen entsteht Unglaubliches

Beim Lösen der immer wieder neu auftauchenden Schwierigkeiten
ist Professionalität gefragt und die Einbeziehung von Menschen, die
auf dem jeweiligen Gebiet erfahren sind. Es braucht immer wieder Mut
weiterzumachen, und Schwierigkeiten gehören dazu. Dafür belohnt
einen der Reichtum der Zusammenarbeit mit Schülern, Kollegen und
mit Menschen von außerhalb der Schule.

Projekt:
Schülercafé
International

Es ist Winter, Dezember 2003. Wir bewegen uns auf einem Gebiet, in dem ich keinerlei Erfahrung habe. Eine 9. Klasse, ihr Mathematiklehrer, der Förster des städtischen Waldstückes in der Nähe der Schule und ich haben einen Termin. Mit dem Förster hatte ich vorher telefoniert. Er hatte mir vorgeschlagen, für den Bau des Fachwerkes unseres „Schülercafés International" Robinienholz zu verwenden – ein für unser Vorhaben erstklassig geeignetes Bauholz. Er möchte in seinem Waldstück einzelne Robinien schlagen. Ob wir der Anlass sind, dass er in diesem Jahr damit beginnt? Das kann schon sein.

An diesem Tag geht es darum, die Bäume einzeln zu begutachten und zu vermessen. Wir müssen wissen, ob das Holz der bezeichneten Bäume ausreicht. Es ist ein Problem, das geometrisch gelöst werden kann. Aber so einfach ist es nicht. Es muss bei jedem Baum abgeschätzt werden, wie lang die Teile sind, die gerade genug gewachsen sind und den richtigen Durchmesser haben, um sie direkt verwenden zu können. Welche Teile die erforderliche Dicke haben, um sie ins Sägewerk zu schicken, und mit wie viel Metern Balken wir dann rechnen können.

Und was machen
wir nun?

Beim Lösen der immer wieder neu auftauchenden Schwierigkeiten ist Professionalität gefragt und die Einbeziehung von Menschen, die auf dem jeweiligen Gebiet erfahren sind. Gut, dass es den Mathematiklehrer gibt. Ihm macht es Spaß und er ist froh, einmal eine praktische, wirklich relevante Aufgabe stellen zu können. Diese 9. Klasse ist eine Sonderklasse: Hier kommen Schülerinnen und Schüler zusammen, die die 9. Klasse wiederholen, und solche, bei denen die Schule befürchtet, dass sie den Hauptschulabschluss nicht schaffen.

Ausgestattet mit Zollstöcken und einem selbstkonstruierten Gerät zum Abschätzen von Winkeln begibt sich die Klasse in den Park. Es wird gemessen, gerechnet, überprüft und dabei auch noch gelernt, was im Mathematiklehrplan steht. Drei Wochen später haben die Schüler ihre Berechnung abgeschlossen. Im Januar werden die Bäume gefällt.

Zusammenarbeit

Der Förster denkt mit. Er lässt uns die geschlagenen Stämme auf den Schulhof bringen. Von dort tragen wir sie, wieder mit den Schülern der 9. Klasse, in einen Innenhof der Schule. Die Hände werden schmutzig. Zusammenarbeit ist gefragt und ein Gefühl für Balance. Die Schüler, die sich sonst sehr oft vor jeder Arbeit drücken, machen mit.

Es sind Stämme mit Rinde. Ich weiß bereits, dass wir sie mit der Hand schälen müssen. Was das bedeutet, ahne ich noch nicht.

Ein anderer Förster der Stadt hat Schäleisen. Er leiht uns die geschärften Eisen. Das Entrinden ist wirklich harte Arbeit. Ich sage den Jugendlichen: „Ihr spart euch das Fitnessstudio." Ich spare es mir auch. Jedes Mal gibt es Blasen. Und jedes Mal auch den Spaß, wenn die Hände und der Körper endlich verstanden haben, wie es geht. Mit wenig Kraft und viel Gefühl. Jede Doppelstunde, die wir daran arbeiten, lässt uns ein bisschen weiterkommen. Es dauert beinahe ein ganzes Jahr. Alle, die Schüler und ich, denken immer wieder: Das hört nie auf! Und im Herbst 2004 liegen sie da, die geschälten glatten Stämme. Und: Der Mathekurs hatte richtig gerechnet!

Ein Förster der Stadt gibt uns alle seine Schäleisen

Es ist April 2004. Die Gräben für das Fundament sind ausgehoben. Wir lassen uns von einer Firma beraten, wie wir sie verschalen sollen. Weder der Techniklehrer noch ich haben damit Erfahrung. Bei der Firma, die uns den Beton liefern wird, frage ich nach, ob wir über sie auch Bretter für die Verschalung beziehen können. Durch diese Nachfrage gerate ich an den Geschäftsführer, Herrn Jata. Er erkundigt sich nach unserem Projekt.

Ich spüre durchs Telefon, was er denkt: *„So etwas hätte ich auch gerne gemacht als Jugendlicher, ein Haus selber bauen."* Herr Jata bietet mir an, uns vor Ort zu beraten. Er kommt und erkennt sofort die Schwachstellen unserer Konstruktion. Er wäre beim Guss gerne dabei, sagt er, wir sollen uns keine Sorgen machen.

Von all meinen Erfahrungen mit Projektarbeit an der Schule war das Aufregendste, das ich je miterlebt habe, dieser Guss des Betonfundaments für das Schülercafé. Herr Jata, der Fahrer des Betonmischers, der Technikkollege, die Schüler und ich, wir alle gemeinsam schafften es, dass unsere Verschalung nicht brach und dem Druck des Betons standhielt. Am 5. Mai 2004 konnten wir die Grundsteinlegung feiern.

Wir erleben in diesem Projekt, das sich über viele Jahre erstreckt, wie jedes Stück realisierte Veränderung Mut macht. Jedes große Projekt wird vielen Bewährungsproben ausgesetzt sein. Das ist kein Grund aufzugeben. Das Kollegium und die Schüler vertrauen auf den Projektleiter, der als Garant für Zähigkeit und Durchhaltevermögen hinter dem Vorhaben steht. Diese Kontinuität bietet die Basis und schafft das Vertrauen, das für alle am Projekt Beteiligten nötig ist, um unvorhergesehene Schwierigkeiten als Herausforderung anzunehmen und zu lösen.

Mut durchzuhalten und weiterzumachen

Immer wieder ist es notwendig, Menschen von außen und deren Erfahrung einzubeziehen.

Die Suche nach Sponsoren führt zu vielfältiger Hilfe

Mitarbeiter in Ämtern und Firmen sind oft sehr motiviert zu helfen, weil sie sich an ihre eigenen Sehnsüchte als Jugendliche erinnern. Mit jeder Unterstützung und jedem guten Rat wächst das Projekt. Langzeitprojekte bieten Raum für viele, für die Arbeit im Team und das Erlebnis, die eigene Arbeit in ein Ganzes eingebunden zu wissen. Manchmal fordert das Projekt alle bis an ihre Grenzen. Ermutigen Sie die Gruppen, so weit wie möglich zu gehen. Wenn am Schluss alle das Ergebnis anschauen und bemerken, was durch diese gemeinsame Anstrengung entstehen konnte, ist das ein berührender Moment: *„Unglaublich, was wir geschafft haben!"*

Zum Probieren: Mit Weiden flechten

Im späten Winter und Vorfrühling werden sie geschnitten, die Kopfweiden, die an Bachläufen oder Grundstücksgrenzen wachsen. Sie wurden ursprünglich als Rohstofflieferant für die Korbflechterei angepflanzt. Ihre Vermehrung ist denkbar einfach: Sie stecken im März einen frischen Weidenast tief in die Erde. In feuchte Böden muss er weniger tief als in trockene Böden gesteckt werden. Er wird ausschlagen und zu einem großen Baum werden. Kopfweiden sind nichts anderes als regelmäßig beschnittene Silberweiden.

In vielen Gemeinden können Sie sich im Januar Weidenzweige vom Bauhof oder Gartenamt liefern lassen. Dort fallen sie als Abfall an. Sie können sich aber auch die Erlaubnis eines Besitzers holen und mit den Kindern einen Ausflug machen, um selber die Äste zu ernten. Weiden sind so robust, dass die Entnahme einzelner Äste das ganze Jahr über möglich ist, ohne die Bäume zu schädigen. Die frischen dünnen Zweige, die Ruten, lassen sich biegen, ohne zu brechen.

Zeit

1 Doppelstunde

Voraussetzung

Vorher selbst ausprobieren, um ein Gefühl für das Material zu bekommen

Gruppe

Sehr gut geeignet für Schüler der Klassen 4–7

Vorbereitung

Weidenzweige organisieren

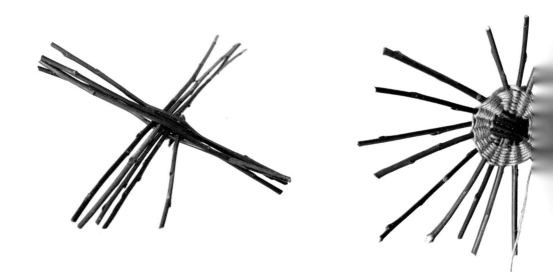

Tipp

Die Weidenruten, die nicht sofort zum Korbflechten verwendet werden, müssen bis zu ihrer Verarbeitung mit ihrem dicken Ende im Wasser stehend aufbewahrt werden, da sie sonst zum Flechten zu trocken werden. So können sie ohne Probleme ein paar Wochen stehen, aber die Umgebungstemperatur darf dabei nicht mehr als 20 °C betragen.

Demonstrieren Sie den Ablauf einmal vorne zusammen mit einem Schüler um sicher zu gehen, dass es jeder versteht.

Arbeitsanweisung für die Schüler

„In 4 eurer Staken macht ihr mit dem Messer in der Mitte einen Schlitz. Legt das Brett darunter, damit ihr den Tisch dabei nicht beschädigt. Haltet den Zweig mit einer Hand fest und setzt das Messer genau in der Mitte an. Das erfordert Geschicklichkeit. Seid konzentriert und langsam. Lasst euch Zeit. Wenn es nicht gelingt, probiert es wieder.
Dann steckt ihr 4 Staken durch die Schlitze. Einen fünften steckt ihr nicht ganz durch. Ein Ende schaut heraus, das andere steckt im Schlitz. (Siehe Bild links)
Nun nehmt ihr euer Flechtmaterial. Ihr führt es abwechselnd über und unter den Staken hindurch. Der Anfang ist am schwersten.
Nachher geht es immer schneller. Manchmal ist euer Flechtmaterial zu Ende. Dann nehmt ihr ein neues Stück, legt es über das Ende des alten und flechtet weiter. Ihr biegt dann bei jeder Flechtrunde die Staken ein wenig auseinander, so dass sie gleichmäßig nach allen Seiten abstehen. So könnt ihr ein Rad flechten. Wenn ihr ein Körbchen flechten wollt, biegt ihr die Staken bei jeder Runde auch etwas nach vorne. Ihr könnt alles mögliche in euren Korb hineinflechten: Plastikstreifen, Stoffstreifen, Gras, Schnüre, Bänder.
Für den Rand schneidet die Staken so ab, dass sie noch etwa einen Zentimeter aus dem Geflecht herausschauen. Macht mit dem Ende eures Flechtmaterials einen Knoten oder steckt es in eine Lücke hinein. Dann ist euer Korb fertig.“

Material
- 3 – 6, höchstens 10 mm dicke Weidenzweige von Kopfweiden als Staken
- Dünne Weidenzweige zum Flechten oder auch:
- Schnur
- Stoffstreifen
- Lange Grashalme

- Messer
- Kneifzange oder Schere
- Brett als Unterlage
- Dicke Stricknadel oder Ahle

Für jeden Schüler
- mindestens 9 Weidenzweige als Staken, Reserve fürs Wiederholen
- Flechtmaterial
- Werkzeug
- Brett

Geschälte Stöcke und Weidenhütten

Weidenäste lassen sich im Frühjahr ganz einfach schälen. Im April und Mai ist das sogar mit den bloßen Fingern möglich. Später im Jahr benutzen Sie ein Messer. Wenn jedes Kind ihrer Klasse einen Stock schält, haben Sie bereits genügend Rührwerkzeuge für alle Rezepte in diesem Buch. Die Rindenstreifen lassen sich auch zum Verbinden der Stöcke verwenden. Und natürlich können die Kinder aus Weidenästen ganze Hütten und Lauben auf dem Schulhof bauen.

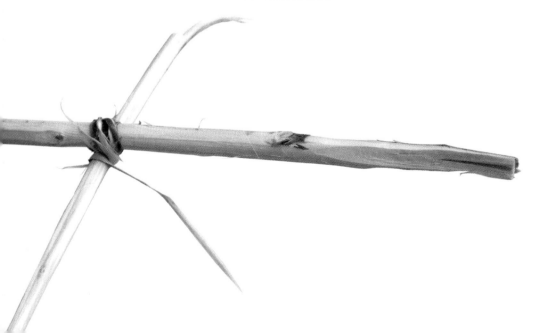

EIN BEIN FLIEGT DURCH DIE LUFT

Ohne Zensur sind Ideen nie Mangelware

Die Selbstzensur ist ohnehin so präsent, dass niemand (kein Lehrer und
kein Schulleiter) sich sorgen muss, dass Tabus gebrochen werden.
Und: Jeder Schüler möchte es schön haben. Noch entscheidender ist,
jeder möchte, dass die anderen das, was er selber gemacht hat,
schön finden.

Toilettenprojekt

– Bauphase

Wir sitzen im Flur. In der Toilette und im Vorraum ist es zu eng. Der Flur als Arbeitsraum ist auch deshalb so geeignet, da uns hier alle bemerken, die vorbeigehen. So ist jeder informiert und neugierig auf die Ergebnisse. Auch wenn es stört, dass wir manchmal unterbrochen werden. Es ist uns bewusst, dass später alle jeden Tag sehen werden, was wir uns jetzt ausdenken.

Wir sitzen also im Kreis im Flur.

„Was wollt ihr zeichnen?" „Mir fällt nichts ein." „Stell dir vor, du wärst Millionär und könntest dir diese Toilette so wünschen, wie du sie haben möchtest. Was soll auf den Wänden sein?"

Offen sein

Immer noch nichts.

Dann tröpfelt es langsam, sie merken, ich notiere wirklich alles, egal was: Spongebob (den ich nicht kenne), ficken.

Jetzt kommen die Ideen: Fußball, Gespenst, Wasser, Freunde, Maulwurf, Hase, Feuerwehrauto, Alien, Ferrari, Gerippe, abgehacktes Bein, Scheintoter, Pyramide… Es hört nicht mehr auf.

Dann lese ich alles vor. Jeder darf sich für eine Idee entscheiden. Die Selbstkontrolle ist ohnehin so präsent, dass niemand (kein Lehrer und kein Schulleiter) sich sorgen muss, dass Tabus gebrochen werden.

Es ist Frühjahr 2000. Die Renovierung der Toiletten ist abgeschlossen. Sie dauerte ein ganzes Jahr, jede Woche vier Stunden, erst die Mädchentoilette, dann die Jungentoilette. Abkleben, kacheln, Spiegel anbringen, die Türen von innen erst mit Haftgrund und dann mit schwarzem Tafellack streichen.

Die Wände sind nun grundiert und weiß gestrichen. Sie sollen mit Zeichnungen bedeckt werden. Die Mädchentoilette ist schon ganz fertig, auch mit den Zeichnungen. Dass wir dort schneller waren, lag an technischen Gründen. Renoviert hatten wir mit gemischten Gruppen.

Begleiten

Beim Zeichnen gestalten die Jungen und Mädchen ihre Toiletten jeweils getrennt. Gerade habe ich vier Jungen der 6. Klasse aus dem Unterricht abgeholt. Sie sind jetzt zwei Schulstunden lang an der Reihe. Nächste Woche sind es wieder andere.

Eine Skizze ist anzufertigen. Jetzt kommt die nächste Barriere.

„Ich kann nicht zeichnen." „Du kannst es sicher, fang einfach an und frag, wenn du Hilfe brauchst. Dafür bin ich da. Die Schule bezahlt mich dafür, dass ich dir zeige, wie es geht, und dir helfe."

Ich gebe Ratschläge, wie ein muskulöser Oberkörper gezeichnet werden **Technisch** kann. Wir machen uns selbst ein Bild. Ein Junge zieht sein T-Shirt aus, die **professionell** anderen beobachten seine Muskeln genau und versuchen sie zu zeichnen. Ich stehe hinter ihnen und mache ihnen Mut. Sie verstehen die Situation: Wenn wir gemeinsam arbeiten, sie mit ihren Ideen, ich mit der Fähigkeit, ihnen beim Zeichnen zu helfen, sind wir professionell.
Wir gehen in die Toilette, jeder sucht für seine Skizze den besten Platz. Manche Plätze verteile auch ich. Ich erkläre die Technik. Wir benutzen Pastellkreiden, die andere Kinder aus Pigment und Kleister für uns heute hergestellt haben. (siehe S. 68)

„Aber das ist ja nur Schwarz und Grau, ich brauche Rot." „Das habe ich entschieden. Damit ich nichts verbieten muss, ihr alles zeichnen könnt, was ihr wollt, und damit alles zusammenpasst und es euch auch noch nach fünf Jahren gefällt."

Es ist eine ganz einfache Vorgabe, sie garantiert die farbliche Harmonie, ohne dass Verbote die Kreativität der Schüler stören.
Folgendes hätte ich vielleicht noch sagen können: *„Ihr seid dann die Farbe, ihr selbst."* Damals befürchtete ich noch, dass sie einen solchen Satz nicht verstehen würden.
Inzwischen sage ich den Kindern auch solche Dinge und sie verstehen **Offener Blick** mich. Je länger ich diese Projekte mache, desto mehr traue ich ihnen zu. Weil ich es immer wieder erfahren habe: Dass sie verstehen und lernen, wenn sie etwas tun, das sie selbst für sinnvoll erachten, und wenn sie so gut sein möchten, wie es nur irgendwie geht.

Dann beginnen wir auf der Wand zu arbeiten – eine Mutprobe auf einer so großen weißen Fläche. Der Alien, der Scheintote, das abgehackte Bein entstehen. Wer Hilfe braucht, fragt mich.
Auch 2Pac nimmt Gestalt an. Ich informiere mich nachträglich, wer denn das ist, den sie da so lieben. Er ist ein afroamerikanischer Rapper, der sehr früh starb. Und auch heute noch, sieben Jahre später, wenn ich nach der Lieblingszeichnung frage, weisen Schüler häufig zuerst auf den Mann mit dem muskulösen Oberkörper.

Der Toilettenraum verwandelt sich mit jeder Zeichnung mehr von einem verwahrlosten Ort in einen liebevoll bezeichneten Raum, in dem jeder neue Junge, auch noch nach Jahren, immer wieder ein Identifikationsobjekt finden kann. Hingabe und Liebe sind spürbar.

Zum Probieren: Pastellkreiden herstellen

Kinder sind begierig zu wissen, wie Dinge entstehen. Für Schulen ist es häufig schwierig, Materialien zu bezahlen. Selbst gemachte Farben erfüllen die Kinder mit Stolz, sind für sie faszinierend herzustellen und entlasten das Schulbudget.

Die hier produzierte Menge an Pastellkreiden reicht für etwa 10 Jahre Projektarbeit oder eine Zeichnung auf dem Schulhofboden. Mit demselben Rezept können Sie auch alle anderen Farbtöne anfertigen.

Zeit

1 Doppelstunde

15 Minuten zum Auswickeln und Sortieren der fertigen Kreiden nach etwa 2 Wochen

Voraussetzung

Auf jeden Fall mit einer kleinen Menge vorher selbst ausprobieren, um ein Gefühl für das Material zu bekommen. Es ist ganz einfach!

Gruppe

Sehr gut geeignet für Schüler der Klassen 1–7 sowie der Oberstufe.

Die Klasse sollte Gruppenarbeit kennen und mit praktischer Arbeit vertraut sein.

Als einzelner Lehrer nur in Klassen, die Sie gut kennen.

Wichtig: Gut vorbereitetes Material.

Vorbereitung

Online-Bestellung von Pigmenten, Lieferzeit etwa 2–3 Tage

20 Minuten für das Anrühren des Kleisters

Rezept für den Kleister

5 gehäufte Esslöffel Kleister in 1 Liter Wasser unter Rühren einstreuen. Nach 3 und nach 10 Minuten erneut kräftig umrühren. Das ergibt die Stammlösung.

Für die Pastellkreide wird diese mit Wasser verdünnt: Im Verhältnis 1:4 für Straßenkreide und im Verhältnis 1:8 für weiche Pastellkreiden.

Je dünner der Kleister, desto weicher und angenehmer, aber auch empfindlicher wird die Kreide. Probieren Sie es selbst einmal aus.

Arbeitsanweisung für die Schüler

Jede Tischgruppe stellt andere Kreidefarben her:
- 1 Gruppe für schwarze und dunkelgraue Kreiden
- 2 Gruppen für mittleres Grau
- 1 Gruppe für sehr helles Grau

(und eventuell zusätzlich grünliche und neutrale Grautöne aus Grüner Erde, Schiefermehl, Steinkreide)

Arbeitsanweisung für die Tischgruppen

1. Material holen (Zeitung, Pigmente, Rührwerkzeug, Löffel/Spachtel, Gefäß, Kleister)
2. Zeitung in ca. 15 x 20 cm große Stücke reißen
3. Ganz wenig Kleister in das Gefäß gießen und mit Pigment verrühren, bis eine zähe Paste entsteht
4. 1 Klumpen Paste auf ein Stück Zeitungspapier streichen und einrollen. So lange wiederholen, bis nur noch ein Rest Paste im Gefäß übrig ist
5. Ist die Paste fast verbraucht, wird neues Pigment, Titanweiß, dazugegeben und wieder mit etwas Kleister zu einer jetzt helleren Farbpaste verrührt. Weiter wie bei (4)
6. Die fertigen Rollen in den flachen Pappkarton legen

Jedes Kind soll diesen Arbeitsablauf einmal gemacht haben. Die ersten Kreiden werden dunkel, die folgenden immer heller. Die Gruppen mit den mittleren und hellen Grautönen holen sich ein wenig Stammpaste von den Gruppen mit den dunkleren Tönen.

Material

Pigmente für schwarz-weiße Wandbilder:
- Rebschwarz, reines Pflanzenschwarz, deutsch, 2 kg
- Titanweiß, 4 kg

Zusätzlich für zarte Farbunterschiede:
- Grüne Erde, deutsch, 1 kg
- Schiefermehl, grau-grün, 1 kg
- Steinkreide dunkel, 1 kg

Für jede Tischgruppe

Vorbereiteter Tapetenkleister oder Zelluloseleim in Portionen
- Wassereimer
- Gefäße (Schüsseln, kleine Eimer)
- Stock zum Anrühren der Masse
- Spachtel oder Löffel zum Verteilen auf das Zeitungspapier
- Ausreichend alte Zeitungen
- Flache Pappkartons zum Trocknen
- Schwämme zum Putzen der Tische
- Lappen zum Nachwischen

Tipp

Die Pigmente für die einzelnen Tischgruppen portioniert in Beutel umfüllen.

Die fertigen Kreiderollen werden in den flachen Pappkartons im Winter auf die Heizung und im Sommer auf den Schrank gestellt.

Etwa nach zwei Wochen können die fertigen Kreiden ausgewickelt und sortiert werden. Das ist so aufregend wie Geschenke auszupacken.

Schwarz-weiße Gemeinschaftszeichnung

Diese Pastellkreiden können Sie für eine Gemeinschaftsarbeit auf einer Wand, aber auch auf einem sehr großen Papier oder dem Schulhofboden verwenden. Vorgezeichnet wird mit sehr hellen Farbtönen.

Kreiden aus dem Pigment „Grüne Erde" können mit einem trockenen Schwamm von der Wand beinahe spurlos weggewischt werden, so dass es nicht so schlimm ist, wenn ein Kind eine Linie verändern möchte. Beim Ausmalen beginnen Sie mit den hellen Grautönen. Dunkelgrau und Schwarz kommen erst ganz zum Schluss. Flächen werden mit den Fingern verrieben.

Die Zeichnungen sehen unfixiert am schönsten aus, sind aber sehr empfindlich. Die einfachste Möglichkeit, die Zeichnungen wischfest zu machen, ist, sie mit billigem Haarlack zu besprühen. Dies muss mehrfach und sehr sorgfältig geschehen. Zu langes Sprühen auf einer Stelle lässt die Farben davonfließen. Die Wand sollte danach mit einem matten farblosen Acryllack lackiert werden, um die Zeichnung dauerhaft zu schützen. In diesem Fall müssen Sie ganz besonders sorgfältig fixieren. Als Abschluss und um die Zeichnung auch vor Markerspuren zu schützen, verwenden Sie einen Firnis (siehe Rezept auf Seite 94).

JE SCHWERER, DESTO BESSER

Schwierigkeiten als Herausforderung

Die 5. Klasse, die mit einem unglaublichen Eifer ihr Bild immer wieder
verbesserte und auf diese Weise Farb- und Luftperspektive sowie
die Bedeutung von Überschneidungen als Grundlage räumlicher
Wirkung verstehen lernte.

Projekt:
Klassenbäume

Wieder einmal geht es um Identifikation. Der Gedanke ist ganz einfach: Auf dem Schulgelände gibt es viele Bäume und in den Fluren ist es so steril. Also malen wir einen Baum für jede Klasse und jedes Kind klebt ein Blatt mit seinem Namen an einen Ast. Dieser Baum wird vererbt. Die nächste Klasse 5b erbt die Patenschaft für den Baum im Außengelände und das Bild im Flur. Wieder klebt jedes neue Kind ein Blatt mit seinem Namen an den Baum und nach zehn Jahren wird der gemalte Baum schön im Laub stehen.

Wir fangen an. Die ganze Klasse entscheidet sich für einen Baum. In kleinen Gruppen zeichnen wir den Baum draußen ab und entwickeln drinnen Vorschläge für die Landschaft, in welcher der gemalte Klassenbaum im Flur dargestellt werden soll. Schön soll es sein.

Den Ideen
der Kinder folgen

Die Kinder sehnen sich nach Meer, Wald, Bergen, untergehender oder aufgehender Sonne. Mit der ganzen Klasse üben wir, die Vorzüge der Entwürfe zu erkennen und zu beschreiben. Was genau ist das Beste von jedem Vorschlag? Es macht Spaß, ganz aufmerksam zu sein und es herauszufinden. Wir stimmen ab: Die Sonne von Katrin, der Stamm von Joel, die Rinde, so wie David sie gezeichnet hat, die Berge wie bei Muhammad, den Himmel von Chantal ... Eine Gruppe bekommt den Auftrag, diese Elemente zu einem Bild zu verbinden. Eine andere grundiert eine große Platte, die den Brandschutzauflagen der Stadt entspricht. Dann beginnen wir mit der selbsthergestellten Pastellkreide zuerst die Landschaft mit heller Kreide vorzuzeichnen und dann mit den farbigen Kreiden auszumalen. Jede Woche arbeiten für eine Doppelstunde abwechselnd immer vier andere Kinder der Klasse an dem 1,5 x 2,5 m großen Bild.

Jedes Mal beginnen wir mit den Fragen: *„Was ist schon sehr gut? Was müssen wir verändern?"* Jedes Mal enden wir mit: *„Was haben wir heute geschafft? Was ist schöner geworden? Worauf muss die nächste Gruppe achten?"* Das Tempo wird immer langsamer. Die Kinder sehen immer mehr: *„Nein"*, sagen sie, *„das Glitzern des Lichts auf den Wellen ist noch nicht gut. Die Äste sehen komisch aus. Woran liegt das?"*

Wir entdecken all das, was Schüler der Oberstufe meistens kaum beherrschen: Perspektive, Räumlichkeit, Licht- und Schattenfarben, Größenrelationen, Überschneidungen und Lichtführung. Es ist höchst erstaunlich. Die Kinder merken sehr genau, wenn etwas ihren Wünschen nach naturalistischer Darstellung noch nicht ganz entspricht. Gemeinsam probieren wir aus und beobachten. Wir sprechen über Perspektive, Geometrie,

Logik. All das mit Kindern einer 5. Klasse – mit ganz normalen Kindern, die sich erst mal nichts zutrauen. Sich etwas zuzutrauen stärkt die Kraft durchzuhalten.

„Wir können das nicht", sagen sie. Dann versuchen wir es zusammen und finden heraus: *„Wir können es!"* Aus den geplanten drei Monaten wird ein ganzes Schuljahr.

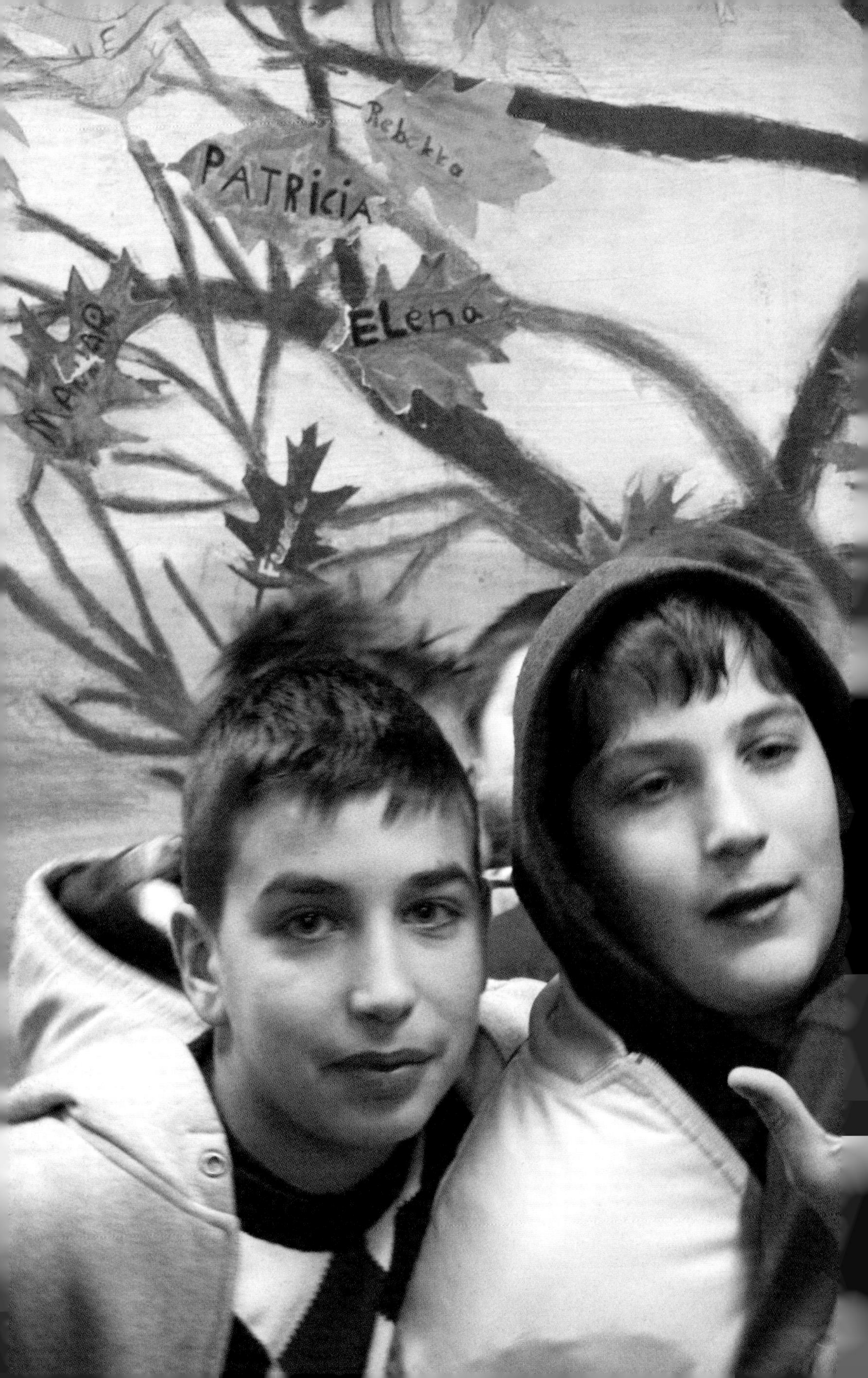
Rebekka
PATRICIA
ELena

Zum Probieren: Hinschauen – ein sinnlicher Einstieg in die Perspektive
Vertrauen in das Selber-Sehen

Zeit
5 Minuten bis 1 Doppelstunde
Gruppe
Geeignet für Schüler aller Altersstufen
Raum
Klassenraum mit Tischen oder Schulhof mit Bodenplatten
Vorbereitung
Keine

Arbeitsanweisung für die Schüler

„Wir machen jetzt zusammen eine Übung, die zeigt, wie hilfreich es ist, unserer eigenen Wahrnehmung zu vertrauen. Manchmal ist diese viel genauer als das, was wir denken oder das, von dem wir meinen, es sei richtig.

Nehmt in jede Hand einen etwa gleich langen Stift. Stellt euch so hin, dass keiner dem anderen den Blick auf seinen Tisch verstellt. Stellt euch so, dass ihr den Tisch so vor euch habt, dass ihr die rechte Kante rechts und die linke links von euch seht.

Streckt die Arme aus. Stellt euch vor, die Stifte sind wie Scheibenwischer und können sich nur nach rechts und links, aber nicht nach vorne und hinten bewegen.

Nun kneift ihr ein Auge zu. Ihr dreht den rechten Stift so, dass er die rechte Tischkante genau verdeckt. Und dann dreht ihr den linken Stift so, dass er die linke Tischkante genau verdeckt.

Öffnet jetzt kurz die Augen. Die beiden Stifte neigen sich wie zwei Linien aufeinander zu. Lasst die Stifte diesen Linien in derselben Neigung weiter nach oben folgen. Schaut: Wo treffen sich die beiden Stifte?

Jetzt geht ein bisschen in die Hocke. Kneift wieder das Auge zu. Verdeckt wieder die rechte und die linke Kante mit den Stiften. Wo treffen sich die beiden Linie diesmal?"

Eventuell dritter Versuch: *„Geht dabei noch tiefer in die Hocke."*

Die richtige Antwort heißt: auf Augenhöhe. Das ist der Fluchtpunkt!

Material

Jede Person braucht
- 2 etwa gleich lange Stifte

Für die Einstiegsübung eignen sich als Objekte alle rechtwinkligen großen Gegenstände wie Schultische, aber auch Bodenplatten auf dem Schulhof

Eventuell für die Weiterarbeit
- Bleistift
- Zeichenpapier
- Rechtwinkliges Objekt für jede Person: 1 Karton, 1 Schachtel, ein Anspitzer, ...

Mit der Definition und Konstruktion des Fluchtpunkts werden viele Kinder theoretisch gequält. So ist er ganz einfach und sinnlich erfahrbar. Und sie lernen etwas ganz entscheidendes: Der eigenen Wahrnehmung etwas zuzutrauen.

Nach diesem Einstieg können Sie je nach Altersstufe das Zeichnen von rechtwinkligen Objekten anschließen und dabei das Anpeilen von fluchtenden Linien mit dem Stift und einem zugekniffenen Auge miteinbeziehen.

Eine Einführung in die Farb- und Luftperspektive

Gehen Sie mit den Schülern an einem schönen Tag aus dem Schulgebäude oder schauen Sie einfach gemeinsam aus dem Fenster. Lassen Sie die Schüler in den Himmel schauen und dessen Farben beschreiben. Machen Sie die Schüler auf die Farbunterschiede des Himmels am Horizont und am Zenit aufmerksam. Lassen Sie sie die Adjektive heller, dunkler, wärmer, kühler benutzen, um genaue Bezeichnungen für die unterschiedlichen Blautöne zu finden.

Schauen Sie selbst einmal in den Himmel, wenn er sich ganz blau über Ihnen dehnt. Zum Horizont hin wird er hell und das Blau viel kühler, manchmal sehen Sie ein zartes Türkis oder sogar beinahe ein Grün. Zum Zenit hin wird er viel dunkler und das Blau warm – Ultramarinblau.

MEIN GRÜNES LAND
IST NOCH GANZ HEIL

Reparieren und ausbessern

Es gehört zu jedem Projekt im öffentlichen Raum dazu, von Beginn
an mitzubedenken, wie Schäden leicht behoben werden können. Die
Kinder und Jugendlichen lassen dann ihr fatalistisches „Alles Schöne
wird zerstört" hinter sich und sagen ganz nüchtern: *„Wir müssen mal
wieder reparieren."*

Projekt:

Fühlbild

Eine engagierte Klassenlehrerin schlug mir vor, ein Projekt mit ihrer Klasse zu machen. Es sollte die Verbundenheit der Schüler mit der Klassengemeinschaft stärken und die Schule bereichern. Wir berieten, was fehlte: Etwas Haptisches, etwas zum Fühlen fehlte am meisten. Etwas zum Fühlen im kahlen Flur. Ein Fühlbild also. Da die Kinder gerade im Deutschunterricht „Die Insel der blauen Delphine" lasen, waren sie sich schnell einig: „Eine Insel soll es werden."

Etwas für sich

und die anderen

machen

Die Schüler sprechen mich heute nach drei Jahren immer noch darauf an. Sie fühlen sich heute noch stolz und verantwortlich für ihr Fühlbild. Und sie haben es schon öfters repariert. Jedes Schuljahr kommen neue Kinder, die erst mal verstehen müssen, wie man mit einem Fühlbild umgeht.

Sehr häufig sehe ich immer wieder andere andächtig davor stehen und die Oberfläche betasten. Eine Tafel daneben erklärt:

„Unser Fühlbild ist eine Insel im Meer mit einem Dorf, einem See, einem Wasserfall, Strand und grünem Land. Wir haben ein Jahr daran gearbeitet. Wir laden euch ein daran zu fühlen: weiche und pieksige, glatte und rauhe Stellen. Bitte seid vorsichtig. Wir haben viel Mühe in dieses Projekt gesteckt. Eure Klasse 6a."

Wir haben das Fühlbild so angelegt, dass es sich immer wieder reparieren lässt. Auf eine 2 x 3 m große Platte übertrugen wir den Grundriss der Insel. Nach dem Schülerentwurf unterteilten wir die Fläche in Meer, Strand, grünes Land, Dorf, See, Wasserfall und sägten ein großes Puzzle mit der Stichsäge. Aus Sicherheitsgründen hielt ich bei jedem Schnitt meine Hand mit auf

der Säge, damit wirklich nichts passiert. Solche Arbeiten mussten wir in Sie sollten zu zweit
viel kleineren Gruppen parallel zur Arbeit im Klassenverbands betreuen. sein, wenn die
Dann war das Sägen geschafft. Immer zwei bis drei Schüler teilten sich ein ganze Klasse hand-
Stück Strand, Meer, grünes Land etc. Wir fanden verbindliche Farben für werklich arbeitet
die verschiedenen Bereiche. Ziel war, die Oberfläche zum Fühlen so schön,
abwechslungsreich und interessant wie möglich zu gestalten.
Die Schüler genossen vor allem die Arbeit am gemeinsamen Projekt mit der
ganzen Klasse. Das war oft anstrengend und im praktischen Teil waren
immer zwei Betreuer nötig, denn die Ideen und Probleme der Gruppen
sind zu unterschiedlich, um diese allein differenziert beraten zu können.
Aber es hat sich gelohnt.

Wir verwendeten Pappmaschee und Leimfarben und natürlich noch jede Materialien, die
Menge anderer Materialien. Pappmaschee lässt sich immer wieder auffül- sich leicht
len, Isoflock (im Ökobauhandel erhältlich, erfüllt sogar die Brandschutz- ausbessern lassen
bestimmungen) und Kleister kosten fast nichts. Mit Leimfarbe kann man
immer wieder nachbessern sowie mit Acryllack und Firnis (siehe S. 94)
schützen.

Das Reparieren geht nur in kleinen Gruppen mit maximal vier Schülern.
Für mehr Schüler ist vor dem montierten Fühlbild kein Platz. Sich gemeinsam um eine Reparatur zu kümmern lässt untereinander eine vertraute
Atmosphäre entstehen. Es macht Spaß und es bleibt immer auch Muße
für das Gespräch und zum Planen der nächsten Vorstellung des Projektes
bei den neuen fünften Klassen. Und manchmal reicht die Zeit sogar, um
einen Text dafür zu schreiben.

Angela Frimpong hält
die Rede zur Eröffnung
des Fühlbilds

Zum Probieren: Leimfarben selbst herstellen

Mit diesem Rezept können Sie den Schulfarbkästen oder Schultemperafarben vergleichbare, aber günstigere Farben herstellen.

Zeit

1 Doppelstunde

Voraussetzung

Vorher mit einer kleinen Menge selbst ausprobieren

Gruppe

Geeignet für alle Klassen – die Klasse sollte mit praktischer Arbeit vertraut sein. Wichtig: Gut vorbereitetes Material

Vorbereitung

Online-Bestellung von Pigmenten, Bezugsquellen, S. 192

Kosten: etwa 15 Euro pro Kilo, Lieferzeit etwa 2–3 Tage

20 Minuten für das Anrühren des Kleisters

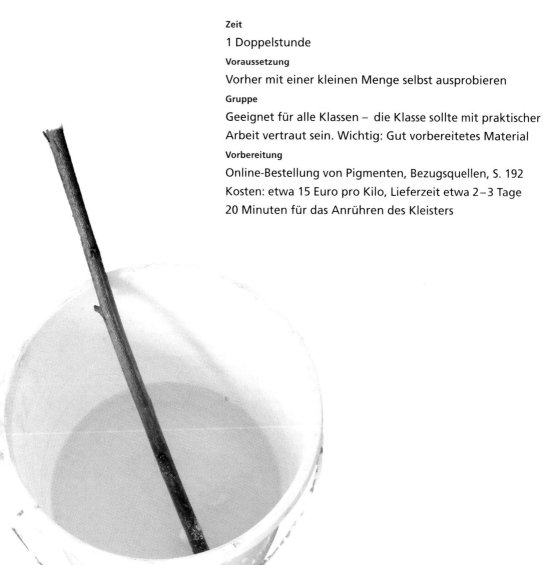

Rezept für den Kleister

8–10 gehäufte Esslöffel Kleister in 1 Liter Wasser unter ständigem Rühren einstreuen. Nach etwa 3 und 10 Minuten erneut und geduldig umrühren.

Arbeitsanweisung für die Schüler

An der Tafel werden die Gruppen und die dazugehörenden Farben angeordnet. Jede Gruppe stellt eine Stammfarbe oder eine Mischfarbe her. Gelb, Orange, Hellrot, Dunkelrot, Lila etc. werden vergeben. Jede Tischgruppe rührt eine andere Farbe an.

Arbeitsanweisung für jede Tischgruppe

1. Material holen (Pigment, Stock oder Löffel/Spachtel zum Rühren, größeres Schraubdeckelglas zum Mischen, Kleister, kleine Gefäße zum Abfüllen)
2. Wenig Kleister in das Gefäß gießen und mit Pigment verrühren, bis eine weiche Paste entsteht
3. Farbprobe auf ein A4-Papier auftragen und an die Tafel hängen

Tipp

Trocknen die Farben ein, können sie wie Schulmalfarben mit Wasser immer wieder angelöst werden.

Material

• Viele kleine Schraubdeckelgefäße, kleine Joghurtbecher,
• Stöcke zum Anrühren
• Kleister
• Pigmente, ungiftig sind die folgenden: Theaterfarben Gelb 2 kg, Dunkelrot, Hellblau, Dunkelblau (evtl. zusätzlich Hellgrün, Pink) je 1 kg
• A4-Papier
• Pinsel
• Tesa-Krepp
• Wassereimer
• Schwämme zum Putzen der Tische
• Lappen zum Nachwischen

Für jede Tischgruppe

• Pigmente portioniert in Beutel
• Tapetenkleister oder Zelluloseleim
• 1 Pinsel
• 1 A4-Schreibpapier für Farbprobe
• Gefäße für die fertigen Farben
• Stöcke zum Anrühren

Farbige Pastellkreiden

Mit den gleichen Materialien lassen sich sehr schöne farbige Pastellkreiden nach dem Rezept auf Seite 68 herstellen. Dann sollten Sie für die hellen Farbtöne noch etwa 3 kg Titanweiß zusätzlich bestellen.

ES IST SOWIESO DA

Rahmen schaffen für das, was heimlich da ist

Platz für persönliche Spuren macht illegale Aktionen, Verbote und
Strafen überflüssig.

Projekt: Wenn schon Graffiti, dann sollten sie auch gut sein. Jugendliche erken-
Graffiti zum Mitnehmen nen, ob ein Graffito überzeugend ist, aber selber können nur wenige gute
Graffiti herstellen. Dabei lässt es sich lernen und ist gar nicht so schwer.
Sogar in den Kunst-Lehrplan könnte es integriert werden, schließlich geht es
um Schrift, um Typografie. Zu diesem Thema gibt es eine Website mit Unter-
richtsreihe und Arbeitsblättern (siehe: www.schule.bremen.de/graffiti).

Es ist wirklich lästig, wenn Jugendliche am Wochenende die Fenster der
Schule besprühen und die Schüler und Lehrer nicht mehr hinausschauen
können. Verbote bewirken gar nichts. Was etwas nützt, ist die unerwünschten
tags immer wieder zu entfernen. Und es bringt etwas, den Jugendlichen
die Gestaltungsgrundlagen von Graffiti beizubringen und in der Schule
einen Platz für prämierte, wirklich gute Graffitis freizugeben.

Spuren hinterlassen Es geht darum, ein eigenes Logo zu entwickeln und in einer städtisch ge-
prägten Kultur, in der jede Firma versucht, ihre Marke so oft und so sicht-
bar wie möglich zu platzieren, sich auch selbst als Mensch anwesend zu
fühlen. Dieses Bedürfnis ist verständlich und sollte ernst genommen werden. Denn Spuren hinterlassen zu wollen und den eigenen Namen nicht
verloren zu wissen ist ein zutiefst menschliches Grundbedürfnis und eine
wesentliche Antriebskraft für Kreativität.

Das Entfernen von Graffiti stellt ein großes Problem dar und ist teuer. Also
könnte eine mögliche Lösung auch darin bestehen, Graffitis zu produzie-
ren, die man mitnehmen kann, die mobil sind. Dann kann sogar die ganze
Klasse voll mit Graffiti sein. Wenn man sie lange genug gesehen hat, nimmt
sie jeder Interessierte einfach mit nach Hause. Deswegen arbeiteten wir
auf Kapa-Platten. Das sind mit Papier beschichtete Leichtschaumplatten
für den Modellbau. Auf ihnen lassen sich die Umrisse mit einem Cutter
schneiden und sie wiegen so wenig, dass man sie überall leicht aufhängen
kann. Großes, wirklich sehr festes Zeichenpapier lässt sich ebenfalls gut
verwenden.

it lob
ach
ein Fach
aus der
Zehn

Zum Probieren – Graffitischutz selbst herstellen

Auf einer Wand, die mit unserem Graffitischutz gestrichen wurde, kann auch mal mit einem Edding herumgekritzelt werden. Dank der Schutzschicht lässt sich die Kritzelei ganz einfach mit Spiritus und einem weichen Lappen entfernen. Passiert dies an derselben Stelle öfters, muss die Schicht erneuert werden. Dieses Rezept ist ursprünglich ein traditioneller Firnis zum Schutz von Gemälden.

Wichtiger Hinweis

Sie sollten den Firnis von Schülern nur mit Schutzkleidung, Latexhandschuhen und in Müllbeuteln verpackten Schuhen auftragen lassen. Der Wachs- und Harzanteil lässt sich von den Händen nur sehr mühsam und von der Kleidung nur mit speziellem Fleckenmittel aus der Drogerie entfernen. Sie dürfen die Schüler nur in gut belüfteten Räumen arbeiten lassen. Interessant dabei ist, dass es sich ausschließlich um Naturmaterialien handelt. Zeigen Sie den Kindern die drei Rohstoffe und lassen Sie sie raten, was das wohl ist, woran es sie erinnert.

Dammar ist das Harz des in Indien und Malaysia wachsenden Shorea-Baumes. Balsam-Terpentinöl ist ein durch Wasserdampfdestillation aus Kiefernharz gewonnenes natürliches Lösungsmittel; es wirkt in hoher Konzentration leicht hautreizend, narkotisch, nierenreizend und sollte nur in belüfteten Räumen verwendet werden. Doch keine Angst, es ist Hauptbestandteil des Malmittels, dessen Geruch jeder kennt, der schon einmal eine Kunstakademie besucht hat.

Material

- Bienenwachs
- Dammar
- Balsam-Terpentinöl

  Online-Bestellung, siehe

  Bezugsquellen, S. 192

  Lieferzeit 2–3 Tage

- großes Schraubdeckelglas
- Lackierrollen aus Schaumstoff und

  Lackschalen (als Sets günstig in

  Baumärkten erhältlich)

Alternativ:

Lösungsmittelfreien Graffitischutz

online bestellen,

siehe Bezugsquellen S.192

Zubereitung

5 Teile Balsam-Terpentinöl, 1 Teil Dammar und
1 Teil Bienenwachs in ein großes Schraubdeckelglas füllen
Gelegentlich schütteln
Etwa 3 Tage bei Zimmertemperatur stehen lassen, bis sich
Harz und Wachs gelöst haben

Diese Lösung wird, damit es nicht spritzt, gleichmäßig, ruhig und langsam mit einer Lackierrolle aufgetragen. Achten Sie darauf, dass kein Bereich vergessen wird. Die Oberfläche wird angenehm matt. Lassen Sie diese Arbeit von Schülern nur in gut belüfteten Räumen ausführen.

ERST MAL WEINEN

Der verzweifelte Wunsch nach Anerkennung

Für die Kinder und Jugendlichen, denen es nur mit Mühe gelingt, auf
der Schule zu bleiben, ist die Arbeit in Projekten besonders wichtig.
Sie erleben, dass sie etwas können, dass ihr Beitrag wertvoll ist und
wahrgenommen wird.

Auf der Schule
bleiben wollen

Bei der Projektarbeit, von der dieses Buch handelt, lerne ich auch all diejenigen kennen, denen es nur mit Mühe und manchmal auch nicht gelingt, auf der Schule zu bleiben. Ich nehme ihre Sehnsucht wahr dazuzugehören. Auch, wenn sie es dann am nächsten Tag wieder nicht schaffen, sich konform zu verhalten. Für diese Kinder und Jugendlichen ist die Arbeit in Projekten ganz besonders wichtig.

Die eigene Spur bleibt in der Schule sichtbar. Der eigene Name wird auch noch in zehn Jahren gefunden werden. Der eigene Beitrag ist ein Baustein in einem Projekt, das auf keinen dieser Teile verzichten kann.

Denn nur durch diese vielen kleinen Einzelbeiträge lebt das Projekt, ist es zu dem geworden, was es heute ist und wird es sich zu dem weiterentwickeln, was es in den nächsten fünf Jahren sein wird.

Trauen Sie jedem
Schüler etwas zu

Mir fallen viele Kinder und Jugendliche ein, die mich mit ihrem Beitrag wirklich beeindruckt haben, viele, in denen sehr viel steckt, viele, die kurz davor waren aufzugeben. M. zum Beispiel, der sich traute, öffentlich eine Rede vorzutragen, die er zusammen mit seiner Gruppe selbst geschrieben hatte. M., der sich immer wieder aktiv darum bemühte, an den Projekten beteiligt zu sein. Und er hatte Recht damit. Ein paar Mal stand er kurz davor, die Schule verlassen zu müssen. Hier, in den kleineren Gruppen, holte er sich die Gewissheit, dass er doch etwas kann. Er hat es geschafft, auf der Schule zu bleiben. Viele hätten ihm das nicht zugetraut.

Lassen Sie klein-
gewachsene Kinder
oben arbeiten

Oder die Geschichte von dem kleingewachsenen Jungen, der immer oben auf der Leiter arbeitete. Hier war er ganz friedlich. Endlich schauten die anderen nicht mehr von oben auf ihn herab. Er arbeitete konzentriert und voller Eifer. Leider hat er es trotzdem nicht geschafft. Aber er hat die Erfahrung gemacht, dass er etwas kann und dass das, was er kann, gebraucht wird.
Oder der Junge, der unflätig herumschimpfte, bis er die schwierigste Aufgabe bekam und dann doppelt so schnell war wie alle anderen. Hier gibt es so viele Geschichten, dass es einem wirklich schwer fällt, eine Auswahl zu treffen.

Niemanden ausgrenzen
als Basis der Projekte

Aber eine davon hat diesem Kapitel den Titel gegeben, deshalb erzähle ich sie hier: Es ist Wandertag der 6. Klassen. Sechs Schülerinnen und Schüler, die aus disziplinarischen Gründen nicht mitfahren durften, sitzen in einem leeren Klassenraum. Ich komme herein. Sie weinen. „Wisst ihr eigentlich, was wir heute machen werden?" Dann spreche ich mitten in das Weinen hinein, dass wir heute Dinge entwerfen werden, die alle anderen zu sehen bekommen. Und es etwas Besonderes ist, dass gerade sie dabei sein können.

Wir setzen uns zusammen und überlegen. Dann skizzieren und entwerfen wir. Mittags sind unsere Entwürfe ausgearbeitet. In der Abschlussrunde sagen sie:

„Eigentlich hatten wir Glück, dass wir heute hier dabei waren." Die anderen waren im Freizeitpark, manche auch im Museum. Morgen werden die anderen sie für ihre Entwürfe bewundern. Das Projekt hat an Prestige gewonnen und die Kinder an Selbstvertrauen.

Und was ist aus den Ergebnissen dieses Tages geworden? Wir planten einen Messestand für unser Toilettenprojekt (siehe Seite 140) auf einer Bildungsmesse. Und am 25. Mai 2002 gewannen wir mit diesem Stand, unserer Präsentation, einen Preis.

Die Namen der beteiligten Schüler werden aufgeschrieben und unter der Decke befestigt

Diese Mädchentoilette wurde im Jahre 2000 .von

Zum Probieren: Projektpräsentation – Vortragen vor anderen Klassen
Hinter mir geht eine Gruppe Schüler den Gang entlang. Sie haben soeben
gemeinsam eine Rede vorbereitet. Unter Zeitdruck, denn sie muss fertig werden, der Vortragstermin naht. Es sind Schülerinnen und Schüler
einer 9. Klasse, keine Klassenbesten. Ich höre hinter mir, einen Jungen zu
einem Mitschüler sagen: *„Ich wusste gar nicht, dass Schreiben Spaß machen kann."*

Jugendliche in der Pubertät, die sowohl als Individuum als auch in der
Gemeinschaft ihren Platz finden möchten, brauchen oft besonders kleine
Gruppen, um ihr häufig auch von der Schule erzeugtes Vorurteil „Ich kann
nichts" hinter sich zu lassen. Zu zweit, zu dritt oder zu viert vor Publikum
einen mit Mitschülern erarbeiteten und geübten Text vorzutragen ist eine
positive Erfahrung.

Je selbstbewusster Ihre Schüler bereits sind, desto eher wird es auch in der
Klassengruppe möglich sein, Projekte gemeinsam zu dokumentieren, ar-
beitsteilig zu beschreiben und eine Präsentation vorzubereiten.
Dies setzt allerdings voraus, dass sich alle Schüler trauen, sich schriftlich
auszudrücken. Das ist jedoch nicht die Regel. Deshalb können sich Pro-
jektteilnehmer bei Bedarf von anderen Schülern interviewen lassen. Sehr
hilfreich ist Partnerarbeit.

Ich habe die Erfahrung gemacht, dass die Vorbereitung solcher Präsentationen dann erfolgreich verläuft, wenn ich mit jedem Beteiligten
zumindest einmal vorher in einer Gruppe von vier Schülern intensiv
zusammengearbeitet habe. Mancher unsichere Schüler braucht auch mehrere Stunden. Dies ist im Schulsystem oft nur schwer realisierbar, aber dennoch notwendig. Eine Möglichkeit ist, Freiarbeit zu etablieren.

Zeit
4 - 5 Stunden
Voraussetzung
Computer mit Textverarbeitungs- und Präsentationspro-
gramm, z. B. Powerpoint
Beamer

1. Stunde

Die Themen der Projektbeschreibung werden an der Tafel gesammelt und in einer Reihenfolge strukturiert. Jeweils zu zweit übernehmen die Schüler einen Teilbereich. Sie schreiben zu ihrem Stichwort einen kurzen Text, der den entsprechenden Projektteil vorstellt. Wenn möglich, schreiben zwei Gruppen zum selben Thema.

Zwei weitere Gruppen aus je zwei Schülern stellen für jeden Bereich die passenden Fotos zusammen. Für Themen, zu denen es keine Fotos gibt, werden Fotoideen notiert oder skizziert, miteinander besprochen und realisiert.

2. und 3. Stunde

Die jeweils arbeitsgleichen Gruppen verbinden sich zu einer Vierergruppe. Sie lesen sich gegenseitig ihre Texte vor. Die Gruppe entscheidet, welche Teile übernommen und welche verändert werden, so dass alle relevanten Gedanken im gemeinsamen Text enthalten sind. Jeder Absatz bekommt eine Überschrift.

Zwei Schüler der Fotogruppe erstellen eine Powerpoint-Datei mit den ausgewählten und den neu produzierten Fotos in der richtigen Reihenfolge.

Die anderen beiden kümmern sich um weitere, eventuell noch dringend benötigte Fotos, die die Texte illustrieren. Das ist besonders wichtig bei der Darstellung von komplexen Zusammenhängen.

Zwei Schüler jeder Textgruppe geben den Text in den Computer ein. Zwei Schüler jeder Textgruppe ordnen den Fotos, die sie von der Fotogruppe bekommen haben, eine oder mehrere Absatzüberschriften zu und geben diese an die Fotogruppe weiter.

Zwei Schüler, die schnell fertig sind, sammeln die Dateien und verbinden die Textabschnitte aller Gruppen zu einem Gesamttext.

Jetzt ist Ihre Arbeit als Lektor und Drucker für den redigierten Text gefragt.

Material
• Schreibpapier
• Bleistifte
• Digitalfotos vom Projekt
• Digitalkamera

4. Stunde

Die Schüler üben, den Text vorzutragen. Das geschieht zeitgleich in Gruppen von etwa vier Schülern. Sie tragen die Texte absatz-, manchmal auch zeilenweise vor. Während des Vorlesens wird weiter am Text gearbeitet: Inhalte werden akzentuiert, die letzten Schreibfehler korrigiert und notiert. Die Textkorrekturen werden im Plenum gesammelt und ausgetauscht.

5. Stunde

Jede Gruppe hält vor der eigenen Klasse einmal den Vortrag, begleitet von der Projektion der Fotos bzw. Folien. Die Klasse hört aufmerksam zu und achtet auf den Vortragsstil.

Nach jedem Vortrag gibt die Klasse positives Feedback und konkrete Hinweise für Verbesserungen. Aufgabe für die nächsten Tage ist, das Vortragen mit der Gruppe gemeinsam zu üben.

Dann sollte jede Gruppe ihre Präsentation auf einer anderen Jahrgangsversammlung oder für eine andere Klasse vorführen.

Für einen erfolgreichen Vortragsstil ist zu empfehlen: langsam reden, Pausen machen, auch mal zum Publikum schauen und vor allem immer wieder – doppelt so langsam, wie man glaubt. Aufrecht stehen und sich selbst gut fühlen gehört ebenso dazu.

UNSERE KISTE FÜRS KLO

Kontinuität und was sie bewirkt

Die Nachhaltigkeit eines Projektes gründet in der Beständigkeit
der entstandenen Struktur und der Offenheit für neue Ideen und
gemeinsames Weiterdenken.

Projekt:
Toilettendienst

Kollegen, die als autoritär und den Projekten gegenüber als distanziert gelten, plaudern angeregt mit den Schülern des Toilettendienstes. Dieser ist zur Institution geworden. Er funktioniert, jeden Tag, bis auf die Tage, an denen er vermisst wird.

Verlässlichkeit schaffen

In der Woche, in der die verantwortlichen Schüler auf Klassenfahrt sind, fragen Lehrer und Schüler: *„Wo ist denn der Toilettendienst?"* Und etwas unwilliger: *„Wieso ist denn der Toilettendienst nicht da?"*

Die Probe aufs Exempel, ob unser Konzept aufgeht, setzt ein, wenn mich die Kinder fragen: *„Wann sind wir dran?"* Wenn ich dann in die Klasse komme und an die Tafel schreibe *„In zwei Wochen beginnt ihr mit dem Toilettendienst"*, kann es passieren, dass die Klasse zu jubeln anfängt. Dann denke ich: „Das Konzept ist richtig."

Das Konzept entstand und entwickelt sich immer noch weiter zu wesentlichen Teilen in dem alle 14 Tage stattfindenden Schülerplenum. Dieses wird von mir moderiert und begleitet. Neue Ideen werden mit den Kollegen und der Schulleitung abgestimmt. Der Toilettendienst sorgt für Ordnung und Toilettenpapier, verteilt aber auch die weiße Kreide zum Kritzeln auf den mit schwarzem Tafellack gestrichenen Bereichen.

Ritualisiert und auf
Dauer angelegt

Im Schülerplenum übergibt die „alte" Gruppe die Verantwortung an die „Neuen" in ritualisierter Form. Das beginnt damit, dass die Schüler des „alten Toilettendienstes" in vier Runden den Neuen erklären, was zum Job gehört, was man in der Zeit machen darf, womit es Schwierigkeiten gab und wie sie diese gelöst haben. Es gibt nichts, was zu banal und zu eklig wäre, um angesprochen zu werden. In der letzten Runde wird gesammelt, was ihnen in den zwei Wochen am besten gefallen hat.

Selbst etwas ent-
scheiden können

Immer wieder werden die Ideen weiterentwickelt. Die inzwischen selbstverständlichen Bestandteile des Projektes gehen auf Ideen dieses sich ständig wandelnden Plenums zurück. Als Beispiel seien die „Toilettendienst-Ausweise" genannt. Die Schüler wollten sie haben, um sich den Lehrern gegenüber ausweisen zu können. Inzwischen sind eine ganze Reihe von Privilegien damit verknüpft.

Es ist jedes Mal, für
jede Gruppe, eine neue
Herausforderung

In den Pausen haben je vier Schülerinnen und vier Schüler des 6. Jahrgangs Toilettendienst. Sie verwalten in ihrer Toilettenkiste weiße Kreide, einen Schwamm (um die Tafeln zu wischen), Toilettenpapier, Gummihandschuhe (für den Fall, dass einmal etwas auf dem Boden liegt), Seife, Papier und

einen Stift. Die Schüler halten sich im Toilettenvorraum und im Flurbereich
vor den Toiletten auf. Hier steht ein Tisch für sie mit Stühlen. Sie genießen
das Privileg, nicht „nach unten" zu müssen. Sie schätzen die vom Plenum
durchgesetzte Möglichkeit, hier in Ruhe Hausaufgaben machen zu können, in der Mittagspause Tee zu trinken und zu spielen. Es gefällt ihnen,
in „ihrer" Toilette für Ordnung zu sorgen und sich durchzusetzen. Chef-
Sein wird hier geübt.
Nach den zwei Wochen Toilettendienst sind die Schüler stolz, wenn sie
berichten, dass große Schüler sich ihnen gegenüber respektvoll verhalten
haben. *„Die Großen haben uns ganz höflich gefragt."* Oder: *„Wir haben
es zusammen geschafft. Sie haben auf uns gehört."* Das lässt die Kinder
wachsen. Es ist jedes Mal, für jede Gruppe, eine neue Herausforderung.
Gelingt es ihnen manchmal doch nicht, dann holen sie Lehrer zur Hilfe.

Die erstaunliche Attraktivität des Toilettendienstes hat sicher damit zu   **Probleme als**
tun, dass die Kinder in ihrer Toilettendienstzeit üben, sich erfolgreich an-   **Herausforderung**
deren, auch älteren, Schülern gegenüber durchzusetzen. Hier gab es an-
fangs die größten Befürchtungen und hier gibt es inzwischen die größte
Motivation. Zwei Wochen erfolgreich Chefin oder Chef sein, da lernt man,
sich Respekt zu verschaffen.

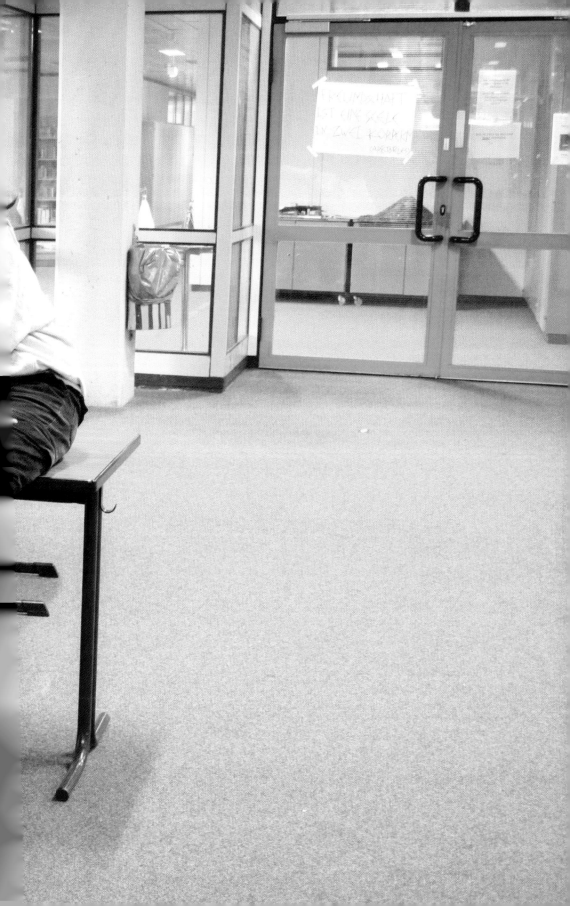

Zum Probieren: Durchsetzungstraining als Teil des Toilettenprojekts
Mit den Kindern entwickeltes Trainingsprogramm zum sozialen Lernen.
Sie üben und lernen hier sich gleichaltrigen und älteren Schülern gegen-
über Respekt zu verschaffen.

Zeit
15 Minuten
Gruppe
Jungen- oder Mädchengruppe, 8 bis maximal halbe
Klassenstärke
Raum
Bewegungsfreiheit, Flur oder auch Klassenraum mit an die
Wände gerückten Tischen und Stühlen
Vorbereitung
keine

„Stellt euch in den Kreis."

Material
• keines

Sie stehen selbst entspannt, das Gewicht auf beiden
Beinen, Füße etwa schulterbreit, Arme locker hängend.
Zu jedem Einzelnen, der so steht, sagen Sie: *„Gut, du stehst
genau richtig."* Meistens reicht das. Manche muss man darauf hinweisen, wirklich auf beiden Beinen zu stehen. Seien
Sie dabei sehr aufmerksam und versuchen Sie mit allen Blickkontakt zu halten.

*„Was benutze ich jetzt? Beobachtet genau, was ich mache.
Ich setze das gezielt ein, womit ich oft viel mehr Macht
habe als mit Worten oder mit Schubsern: die Augen."* Wenn
alle aufmerksam sind, sagen Sie: *„Schaut genau, was ich
jetzt mache."* Dann schubsen Sie (vorsichtig) ihren rechten
Nachbarn und fragen: *„Was würdest du jetzt tun wollen,
wenn ich nicht so viel älter wäre als du?"*

Schüler: *„Zurückschubsen."*

*„Wenn ich mich durchsetzen möchte, ohne selbst geschubst
zu werden, ist Schubsen nicht geeignet. Schaut genau zu."*
Sie gehen langsam auf eine andere Person zu, schauen ihr direkt in die Augen und gehen sehr langsam, aber konsequent
weiter. Beinahe immer wird ihr Gegenüber zurückweichen.
Wenn nicht, machen Sie ein Kompliment und probieren es
mit dem Nächsten.

Dann erläutern Sie: *„Jedem ist es unangenehm, wenn ein
fremder Mensch näher als bis zu einer bestimmten Grenze
kommt. Ganz wichtig dabei ist: Du darfst den anderen nicht
berühren, sonst funktioniert es nicht mehr. Wenn es dir leicht
passiert, dass du andere haust oder schubst, probiere als
Übung, deine Hände hinter dem Rücken festzuhalten."*

*„So, jetzt passt wieder auf und hört gut zu: Rauss!
Wollt ihr darauf gern hören oder nicht?"*

Schüler: *„Nein."*

„Und darauf: Könnt ihr bitte rausgehen?"

Schüler: *„Schon eher."*

„Es ist ein ganz einfacher Trick: Gute Chefs sind höflich. Sie sind selbstbewusst genug, um höflich zu sein. Und jetzt zeige ich euch noch einen Trick, für den ihr gute Nerven braucht."

Die brauchen Sie jetzt auch, denn Sie müssen es aushalten, ganz ruhig, entspannt und ziemlich ausdauernd ständig zu wiederholen: *„Könnt ihr bitte rausgehen? Könnt ihr bitte rausgehen? Könnt ihr bitte rausgehen? Könnt ihr bitte rausgehen? ..."* Irgendwann kommt dann als Reaktion: *„Das nervt."* Oder: *„Komm, wir gehen."* Dann haben Sie gewonnen: *„Wenn man das durchhält, also wirklich ruhig und hartnäckig bleibt, hat man gute Karten. Das geht dem anderen so auf die Nerven, dass er einfach nur noch weg möchte."*

Jetzt kommt der Test:
„Stellt euch so in zwei Reihen auf, dass jeder einem Partner gegenübersteht." Eine Reihe darf jetzt nichts sagen, denn das sind die Beobachter, während die anderen getestet werden, wie gut sie schon sind. Jeder soll seinem Gegenüber mit festem Blickkontakt, entspannt und souverän einmal sagen: *„Kannst du bitte rausgehen!"* Klappt es bei einem noch nicht so gut, ist sein Auftreten eher schwach, gibt es für alle eine zweite Runde. Dann wird gewechselt.

Anschließend das Highlight. Die gesamte Gruppe wird in Vierer- oder zur Not in Dreiergruppen geteilt: Eine Gruppe davon ist an der Reihe, die anderen sind Beobachter.

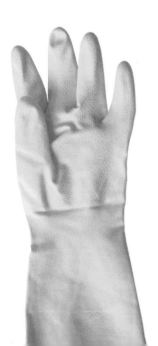

„Jetzt kommt der zweite Test. Dazu braucht ihr alles, was wir eben besprochen haben. Da ich älter bin, seid ihr zu viert. Ihr habt jetzt die Aufgabe, mich gemeinsam aus dem Raum zu schicken. Ohne Anfassen natürlich. Die anderen schauen zu. Wenn es nicht klappt, können sie Tipps geben."
Die Kinder werden es schaffen, wenn sie alle zusammenhalten, gemeinsam langsam auf Sie zugehen und Sie unbeirrt auffordern rauszugehen. Wenn Sie merken, dass einer sich nicht richtig traut oder irgendetwas schiefläuft, brechen Sie

mit „Stopp" das Spiel ab und fragen die Beobachter, was die
Gruppe gut und was sie noch nicht so gut gemacht hat. Dann
wechselt die Gruppe, bis es jede einmal geschafft hat.

Raum für die eigene Wahrnehmung

Gegen Ende der Toilettendienstzeit einer Klasse kommt ein weiterer **Ende des**
Bereich hinzu, der in der Kommunikation mit der Schulpsychologin und **Toilettenprojekts**
den Klassenlehrern gewachsen ist. Thema ist, Gefühlen Raum zu geben, sie
zu verstehen und über das Spielen auszudrücken. So wird Konfliktlösung
ganz unerwartet zum verbindenden Spiel.

Das Rollenspiel dauert eine Doppelstunde. Es findet in jeder Klasse zweimal **Raum für das**
statt, einmal für die Jungen, einmal für die Mädchen. Der Klassenlehrer ist **Äußern der eigenen**
mit dabei. Da das Toilettenprojekt so viel mit sozialer Kompetenz zu tun **Wahrnehmung**
hat, ist es sinnvoll, den Klassenlehrer einzubeziehen, um die gewonnenen
Erfahrungen zu verbalisieren und so zum Teil der Klassenkultur werden
zu lassen. Die Teilung der Klasse in Mädchen und Jungen ergibt sich ganz
natürlich aus dem Projekt.

Zum Probieren: Gefühlen Raum geben
Darstellen, imitieren und Rollenspiel

Raum
Klassenraum
Stuhlkreis
Bei sehr kleinen Klassenräumen zusätzlich Platz im Flur
Zeit
1 Doppelstunde
Gruppe
Jungen oder Mädchen einer Klasse

Stolz

Cool

Ängstlich

Glücklich

Schüchtern

Aufgeregt

Nervös

Wütend

Misstrauisch

Traurig

Gelangweilt

Eingebildet

Alle sitzen im Stuhlkreis.

Der Begriff „Körpersprache" wird ermittelt. Dafür können Sie auch Körpersprache einsetzen. Ein motivierender Einstieg ist etwa, wenn jeder seinem Nachbarn jeweils eine Minute lang mit dem Einsatz von Mimik und Gestik, aber ohne dabei zu sprechen, vorführt, was ihm am Morgen vor der Schule begegnet ist. Und natürlich muss es einen Rollenwechsel geben. Dann agiert der Partner. Danach dürfen sich die Paare erzählen, was sie von der Vorführung des anderen verstanden haben.

Material
- Verdeckte Liste mit Gefühlsausdrücken wie stolz, wütend, unsicher, schüchtern, glücklich
- Für jeden Schüler einen Zettel mit einer Situationsbeschreibung und einer zugewiesenen Rolle für das Spiel

1. Teil – Gefühle darstellen und erraten

Sie fordern die Gruppe auf, die Haltung des Lehrers oder eines Schülers, den Sie vorher um sein Einverständnis gefragt haben, ganz minutiös nachzuahmen. Animieren Sie die Schüler, präzise zu beobachten:

„Schaut genau hin: Berühren die Füße genau so, mit der ganzen Sohle, den Boden? Wie ist die Haltung des Kopfes, der Schultern, wohin schauen die Augen? Berührt der Rücken die Stuhllehne?"

Wenn jeder exakt genauso sitzt, geht es weiter:

„Schließt jetzt für einen Moment die Augen. Seid ganz still. Spürt nach, wie fühlt sich wohl derjenige, der sich so hinsetzt? Was drückt er dadurch aus?"

Dann: „Öffnet die Augen wieder. Jetzt sagt der Reihe nach, was ihr glaubt, wie sich die Person gefühlt hat." Mögliche Antworten könnten sein: „gelangweilt", „aufmerksam", „wie einer, der kontrolliert", „wie ein Chef", „cool".

Es wird erläutert, wie sich durch die Körperhaltung Gefühle ausdrücken und nachempfinden lassen. „Indem ich die Haltung eines anderen genau nachmache, kann ich mich einfühlen, wie es ihr oder ihm gerade geht."

Jetzt darf ein Freiwilliger zur Seite gehen und sich von der Liste mit Gefühlsausdrücken einen Begriff aussuchen. Er geht zurück an seinen Platz im Stuhlkreis. Dann setzt oder stellt er sich so, wie es seiner Meinung nach dem Gefühl entspricht. Wieder imitieren alle so genau wie möglich die Körperhaltung. Jeder darf dann der Reihe nach seine Vermutung äußern, welches Gefühl dargestellt wurde. Zum Schluss verrät der „Darsteller" die Auflösung.

Manche Gefühle sind für einzelne Kinder kaum darstellbar. Da hat sich zum Beispiel ein Mädchen das Wort „wütend" ausgesucht, setzt sich aber so hin, als sei sie völlig unbeteiligt oder gelangweilt. Dann probiert die ganze Gruppe, wie sich Wut darstellen ließe. Im Anschluss diskutieren Sie gemeinsam mit der Gruppe darüber, wie wichtig es ist, die eigene Wut oder die der anderen bemerken und ausdrücken zu können.

2. Teil – Rollenspiele
Jeder Schüler sucht sich einen Partner. Geht dies zahlenmäßig nicht auf, spielen Sie selber mit. Jedes Paar erhält zwei Zettel, auf denen die gleiche Konfliktsituation und die jeweils gegensätzlichen Rollen der beiden beschrieben sind.

Zum Beispiel:
„Zehntklässlerin läuft ins Klo, ignoriert Toilettendienst völlig. Toilettendienstlerin will, dass die Große sie respektiert und auch mit Respekt behandelt. Rolle 1: Schülerin 10. Jahrgang." Auf dem Zettel der Partnerin steht die gleiche Geschichte und darunter: „Rolle 2: Schülerin Toilettendienst."

Ein weiteres Beispiel schildert folgende Situation:
„Ein Schüler beleidigt einen anderen. Dieser will, dass er sofort damit aufhört und sich entschuldigt. Rolle 1: Schüler, der nicht beleidigt werden möchte." Beziehungsweise: „Rolle 2: Schüler, der den anderen beleidigt."

Nehmen Sie zwei Geschichten, höchstens aber drei. Ihr Inhalt sollte sich auf das beziehen, was in Ihrer Schule aktuell und vielleicht wirklich problematisch ist.

An einem Beispiel erklären Sie den weiteren Ablauf. Ein Paar liest seine Spielsituation und die jeweiligen Rollen vor.
„Jetzt habt ihr etwa 5 Minuten Zeit zu spielen. Versucht die Situation zu lösen. Ohne Anfassen. Ihr dürft Worte benut-

*zen, aber auch Körpersprache. Spielt ganz real." – „Wenn
ihr fertig seid, tauscht ihr die Rollen und die Zettel und spielt
es noch einmal." – „Jede Gruppe, die fertig ist, kommt zurück in den Sitzkreis."*
Jetzt verteilen sich alle Paare im Raum und eventuell auf
dem Flur. Es ist für alle spannend zu erleben, welche unterschiedlichen Lösungen es gibt.

Zurück im Stuhlkreis folgt eine gemeinsame Runde, die Geduld und Aufmerksamkeit verlangt, denn jeder kommt einmal an die Reihe. Jede Geschichte wird vorgelesen, damit die anderen wissen, worum es geht. Dann berichten alle Spieler knapp und formelhaft: *„Ich (als Schüler, der den anderen beschimpft hat) habe mich (stark) gefühlt, und am Ende habe ich mich (klein) gefühlt."* Dann ist der Partner dran: *„Ich als derjenige, der beschimpft wurde, habe mich ... und am Ende ... gefühlt."*

Die nächste Geschichte folgt. Die Spannung bleibt erhalten, obwohl alle mitbekommen, dass die beiden es geschafft haben, dass sich etwas verändert hat oder auch nicht. Es wird deutlich, wo es einem Paar gelungen ist, die Situation umzudrehen. Dieses darf seine Geschichte vorspielen, aber auch alle anderen Paare, wenn sie es gerne möchten. Jetzt sind alle anderen als genaue Beobachter gefragt. Es geht darum, Zusammenhänge herauszufinden: *„Weil X aufgestanden ist, hat ihn Y wahrgenommen."* Oder: *„X ist einfach vor Y stehen geblieben."*

Seien Sie präzise. Die Schüler sollen sich durch das Beschreiben ihrer Beobachtungen bewusst werden, wodurch Konflikte entschärft und gelöst werden können.

MEINE EIGENE FORM FINDEN

Mut, zu sich selbst zu stehen

Sich trauen, sich Raum, Muße und Zeit nehmen, bis sich im Gewirr der
Möglichkeiten allmählich herauskristallisiert, was das Eigene sein könnte.
In der Adoleszenz ist es besonders wichtig, die Jugendlichen entdecken
zu lassen, was und wie viel in ihnen steckt.
Es gehört Mut dazu, das Leben in die eigenen Hände zu nehmen. Eine
eigene Form dafür zu finden ist ein Schritt in diese Richtung.

**Projekt: Eine eige-
ne Form finden**

12 Mädchen sitzen mit geschlossenen Augen auf einer 5 x 8 m großen Papierfläche. Jede hat sich einen Platz gesucht, jede nimmt sich ihren Raum.

Zeit nehmen

Dafür ließen sie sich so lange Zeit, bis es für sie stimmte. Dann haben sie sich auf das Papier gesetzt, in jeder Hand eine schwarze Kreide. Bei geschlossenen Augen ertasten beide Hände mit den Stiften den Raum. An manchen Stellen zeichnen sie länger. Manche Mädchen zeichnen ausladend, andere nah bei sich. Es entsteht ein Gewirr von Linien.

Wer die Augen öffnet, hört auf zu zeichnen und wartet, bis die anderen dies auch tun. Vorher hatte ich mit ihnen darüber gesprochen, dass in der Wirtschaft Voraussetzung für finanziellen Erfolg ist, eine Marke zu etablieren, ein Logo, eine eigene Form zu haben. Heute sucht jede junge Frau nach ihrer eigenen Form. Nach einem Bild für die eigene Identität.

Dann geht es weiter. Wir betrachten das Gewirr der Überschneidungen und Verflechtungen der Linien auf dem Papier. Jetzt geht es um das Finden. Um das Sichtbar-Machen der gefundenen Formen. Dafür sucht jedes Mädchen eine andere farbige Kreide für sich aus. Das ist wichtig, damit nachher jede weiß, was sie gefunden und markiert hat. Und dazu gehört auch, sich hinreißen zu lassen von der Freude, immer mehr zu finden, weiter zu suchen und zu finden.

„Ins Leben gerufen" wird jede Form erst durch das Markieren und das Ausfüllen mit der eigenen Farbe. Die Zeichnung wird immer schöner.

**Im Gewirr
das Eigene finden**

„Erst mit der Entscheidung, welche von tausend Möglichkeiten ich in diesem Liniengewirr sehe und sehen möchte, entsteht die Form. Das Markieren macht sie für mich selbst und für die anderen sichtbar. Es kristallisiert sich ganz deutlich heraus: Die anderen machen mich in dem von uns gezeichneten Gewirr auf Formen aufmerksam, die ich allein gar nicht bemerkt hätte, und ich zeige ihnen auch etwas. Ich finde in Linien, die andere gezeichnet haben, Formen für mich und die anderen sehen solche für sich in den von mir gezeichneten Linien."

Jede hat in den Linien der anderen etwas farbig markiert. Jede hat dadurch bei der anderen so viel sichtbar gemacht und mit dem farbigen Hervorheben so viele Komplimente verteilt und bekommen, dass sich jetzt alle verbunden fühlen. Dadurch, dass das Eigene eingebunden ist und von vielen Seiten gewürdigt wird, ist es plötzlich gar nicht mehr so schwer, zu sich selbst zu stehen.

Jugendliche sind mit etwa 14 und 15 Jahren ganz besonders ängstlich im Hinblick auf Spannungen, unterschiedliche Ansichten, Konflikte in der Freundschaft und der Gruppe. Die Tendenz, sich anzupassen, steht im

Widerspruch zu der Identitätssuche. Sich den anderen anzugleichen streitet **Identität**
mit der Sehnsucht nach autonomer Identität. Sie erleben hier, dass Selbst-
Sein und Einbindung in eine Gruppe kein Widerspruch sein muss.

Dieser Tag ist Teil der Projektwoche „Identität und Lebensplanung", die
von der Schulpsychologin und der Sozialpädagogin für alle Jungen und
Mädchen des 8. Jahrgangs konzipiert wurde. Die Jungen und die Mädchen
dieser Klassen sind, jeweils für sich, eine Woche außerhalb der Schule in
den städtischen Jugendzentren zu Gast. Da diese erst nachmittags ihren
Betrieb öffnen, ist es möglich, die Räume vormittags dafür zu bekommen. Wir haben für die Mädchengruppe an diesem Tag einen besonders
guten, hohen Raum mit einer Empore. Das nutzen wir jetzt aus. Die große
Zeichnung wird aufgehängt. Wir setzen uns davor.

*„Zeichnet in euren Skizzenblock all die Formen, die euch jetzt aus der
Distanz heraus am besten gefallen. Sucht, bis ihr mindestens zehn für euch
entdeckt habt und schaut dann, welche euch die liebste ist."*
Jedes Mädchen zeigt der Gruppe seine Favoriten und die Form, die es für
sich selbst ausgewählt hat. Dann zeichnet jedes seine eigene Form riesen-
groß auf einen etwa 1,3 x 2 m großen Bogen Papier.

Sie sind sehr eindrucksvoll, die Formen, die da entstanden sind, und sie **Mut zur eige-**
haben sehr viel mit dem Menschen selbst zu tun. Die Mädchen stellen sich **nen Entscheidung**
neben ihre Form und lassen sich damit fotografieren. Das gehört dazu. **zu stehen**
Die Atmosphäre ist entspannt. Es tut gut, sich einmal Raum und Muße zu
nehmen. Die Zeit für den eigenen Raum, die Zeit, bis sich im Gewirr der
Möglichkeiten allmählich herauskristallisiert, was das Eigene sein könnte.
Es gehört viel Mut dazu, das Leben in die eigenen Hände zu nehmen. Eine
eigene Form dafür zu finden ist ein Schritt in diese Richtung.

Zum Probieren: Nach schönen Dingen suchen

Sprechen Sie mit den Schülern über die Bedeutung von Logos in der Wirtschaft. Sprechen Sie davon, dass das Entwerfen von Logos gut bezahlt wird und dass es bedeutet, etwas zu finden, das es noch nicht gibt.

Zeit

1 Zeitstunde

Gruppe

Jede Klassenstufe, abhängig von der Einbindung in einen konkreten Kontext. Nutzen Sie diese Methode nicht als Beschäftigung, sondern zielorientiert, dann lassen sich die Schüler darauf ein.

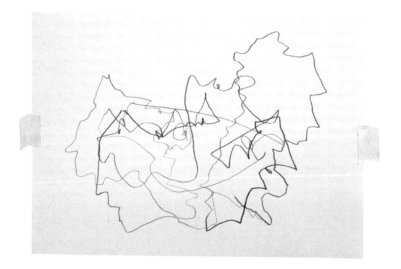

Arbeitsanweisung für die Schüler

*„Räumt euren Tisch ganz frei. Lasst nur zwei Bleistifte drau-
ßen. Ihr bekommt jetzt jeder ein Blatt Papier. Das Blatt muss
am Tisch mit mindestens zwei Streifen Klebeband rechts und
links fixiert werden. Sonst verrutscht es."*

*„Etwas zu finden, das es noch nicht gibt, ist gar nicht so ein-
fach. Wir werden gleich mit beiden Händen zeichnen, denn
dann ist es einfacher, etwas ganz Neues zu zeichnen. Und
wir werden gleich mit geschlossenen Augen zeichnen. Das
ist aus demselben Grund wichtig. Und wir lernen, uns über-
raschen zu lassen."*

*„Jetzt schließe die Augen und lass deine beiden Bleistifte
auf dem Papier machen, was sie wollen. Lass die Augen geschlossen. Es ist gar nicht schlimm, wenn du ein bisschen
über den Rand zeichnest. Probiere aus, was sich besser an-
fühlt, kleine Kritzel, größere, rundere oder eckigere Linien.
Wer weiterzeichnet, lässt die Augen geschlossen. Wer die
Augen öffnet, darf nicht mehr weiterzeichnen."* Dann ist
das Zeichnen zu Ende.

*„Suche dir jetzt einen Buntstift aus. Nimm eine andere Farbe
als deine Nachbarn. Vielleicht hat sogar niemand aus der
Klasse die gleiche Farbe wie du. Dadurch kannst du gleich
besser erkennen, was du dir ausgesucht hast. Denn jetzt
geht es um das Finden von Formen. Du suchst auf deinem
Blatt in den Linien nach einer, vielleicht auch nach zwei, drei
oder fünf Formen, die dir gefallen. Diese füllst du einfach
mit deiner Farbe aus. Mache es vorsichtig, damit man sie gut
erkennt. Dann gehst du einen Platz weiter.
Jeder sucht in jedem Blatt der gesamten Klasse nach seiner
Form, die er farbig hervorhebt. Jeder findet bei dem anderen mindestens eine Form, es dürfen auch mehrere sein.
Vielleicht passiert es auch mal, dass du dieselbe Form findest
wie ein anderer, dann füllst du mit deiner Farbe diese Fläche
aus, und es entsteht eine Mischfarbe."*

Material
- A4-Schreibpapier
- Tesa-Krepp zum Befestigen der
  Blätter auf den Tischen
- Für jeden Schüler 2 Bleistifte
- Buntstifte in vielen verschiedenen
  Farben

Ganz zum Schluss werden alle Blätter an den Wänden der Klasse aufgehängt. Jeder sieht sich jedes Blatt an und sucht nach seiner Lieblingsform.

Es gibt eine Abschlussrunde, in der jeder seine Form zeigt. So kann jeder Schüler ein Logo finden. Sie können aber auch ein gemeinsames Logo für die Tischgruppe oder die Klasse entdecken.

Tipp
Papierrollen in Überbreite bis 2,45 m gibt es als Restrollen in Papierfabriken, die Zulieferer für die Wellpappenproduktion sind.

ALLES IST MÖGLICH

Den Schülern etwas zutrauen

Es erfüllt einen mit Stolz, etwas zu entwerfen, das sich von allen nutzen lässt. Auch Klischees sind in Ordnung. Wenn es andere Klischees sind als unsere eigenen, fallen sie uns auf. Sie bilden später den Rahmen für persönliche Ideen.

Projekt:
Aufenthaltsraum
gestalten

Zwei Kollegen, Klassenlehrer im 8. Jahrgang, sprachen mich an, ob ich nicht an vier Tagen der Wanderwoche mit ihren Klassen arbeiten könnte. Sie würden im nächsten Schuljahr in einen ganz anderen Bereich der Schule umziehen und sie würden diesen gerne umgestalten. Sie wollten einen Platz für ihre Altersgruppe, einen eigenen Aufenthaltsbereich.

Der Wunsch nach
Selbstwirksamkeit
und Anerkennung

Gemeinsam mit den Schülern begannen wir zu sammeln, was aus diesem Bereich alles entfernt werden sollte. Es waren genau die Dinge, die in bester Absicht von Lehrern als Mobiliar und Dekoration für die Schüler angeschafft und aufgestellt worden waren. Gut fanden die Schüler eigentlich nur die Farbe des Teppichbodens. Die Wunschliste der Schüler für den neuen Bereich beinhaltete: andere Wandfarben, andere Möbel und Fotos möglichst vieler Schüler an den Wänden.

Intensive
Arbeitsprozesse

Wir ermittelten, welche Farben sie für den Raum schön fanden. Das Ergebnis war für mich etwas befremdlich: Die Jungen wollten ein kühles Hellblau und die Mädchen Rosa. Na gut, also hatten die Strampelhosen von den Omas nachhaltig abgefärbt. Gut, dass wir noch eine dritte Farbe für die Möbel brauchten. Es wurde ein helles, zartes Grün. Klischees sind in Ordnung. Sie fallen uns auf, weil es andere sind als unsere eigenen. Später bilden sie den Rahmen für persönliche Ideen.

In einem ebenso intensiven Prozess entwarfen wir die Möbel, zunächst als Skizzen, dann als Entwurfszeichnungen in Originalgröße. Wir konzipierten sie so, dass es möglichst viele Sitzplätze geben sollte, die sich zum Zusammensein sowohl mit größeren als auch kleineren Gruppen eigneten. Im Anschluss an die Projektwoche beantragten wir Gelder für die Umsetzung. In den Sommerferien wurden die Wände von einer Malerfirma nach unseren Vorgaben gestrichen.

Etwas Sinnvolles
für alle tun

Die Möbel wollten die Schüler selber bauen. Das Geld hätte nicht gereicht, um eine Tischlerei zu beauftragen. Wir gewannen einen Praktikanten, der in den kommenden Wochen mit kleinen Gruppen sägte, raspelte, feilte, schmirgelte und lackierte. Das war in den Arbeitsstunden möglich und zusätzlich Freitagnachmittags nach der Schule. Und es klappte, weil der Klassenlehrer und die Klasse hinter dem Vorhaben standen. Sie wurden schön, unsere amorph geformten Sitzflächen mit verschraubten Metallbeinen.

Keine Gruppe noch so engagierter Lehrer und auch kein Raumausstatter werden es allein schaffen, einen Raum in der Schule so gut zu planen, wie dies möglich wird, wenn Schüler miteinbezogen werden. Schüler wissen als Betroffene, was nötig ist. Sie denken an Details wie Haken für die Taschen, sie wissen, was schön ist. Sie brauchen allerdings Begleitung, die das Ganze im Auge behält und in der Lage ist, Finanzen und Realisierbarkeit einzuschätzen. In dem Entscheidungsprozess, welche Entwürfe wirklich umgesetzt werden, sollten alle Betroffenen und Nutzer im Konsens mit der Schulleitung entscheiden.

Vertrauen in die Kreativität der Schüler

Dass es am produktivsten ist, Schüler direkt an allen Planungen und Konzepten zu beteiligen, gilt übrigens für alles, was mit Schule zu tun hat. Natürlich können Schüler das nicht allein machen, aber es geht nur mit ihnen zusammen. Und sie erleben: *„Ich kann etwas tun, das für mich und die anderen einen Sinn hat."*

Vertrauen die Qualität von Ideen zu erkennen

Zum Probieren: Möbel entwerfen

Gruppe

Etwa 8 Schüler, Nutzer des zu gestaltenden Bereichs.
Gut funktioniert eine solche Arbeit auch mit Delegierten
aus verschiedenen Klassen. Die Schüler können unterschiedlich alt sein.

Zeit

3 Doppelstunden

1. Doppelstunde – Entwurf

Gehen Sie mit der Gruppe in den Raum oder den Bereich, der umgestaltet werden soll:

„Stellt euch vor, ihr könnt hier alles so verändern, wie es euch schön und sinnvoll erscheint. Schreibt auf einen Zettel alles auf, was ihr rauswerfen würdet. Dann schreibt auf einen anderen Zettel all das auf, was ihr euch für diesen Ort wünscht. Was ihr verändert haben wollt, was und wie es aussehen soll. Alles, was euch einfällt. Ihr habt 5 bis 10 Minuten Zeit. Wir warten, bis alle fertig sind."

Jeder liest seine Liste vor. Sie schreiben mit und können bei manchen Dingen wahrscheinlich Strichlisten führen. Am Ende dieser Runde wissen Sie, um was es gleich gehen wird. Vielleicht soll ein großer runder Tisch für die ganze Klasse im Aufenthaltsbereich der jüngeren Schüler stehen oder es sollen Farben vollständig verändert werden.

Jeder macht für seinen Vorschlag eine Skizze. Ihn mit Worten zu beschreiben geht auch. Wenn einer sagt, *„Ich kann nicht zeichnen"*, lassen Sie sich ganz genau erklären, was er sich vorstellt. Fragen Sie nach. Er wird vergessen, dass er nicht zeichnen kann und es Ihnen aufzeichnen. Zu verbessern ist ja kein Problem, gerade beim Entwerfen nicht. Eine einfache Darstellungsmöglichkeit ist, die Dinge von oben oder genau von der Seite zu zeichnen.

Jeder sucht nach Farben, die für diese Dinge oder diesen Raum schön wären. Beginnen Sie dabei immer mit geschlossenen Augen (siehe: Die eigene Farbe mischen, S. 22). Sonst bekommen Sie als Ergebnis nur etwas, das schon da ist. Die Farben werden in einer kleineren Schülergruppe mit Pastellkreiden gemischt und bestimmt. Das können selbst hergestellte (siehe: Pastellkreiden herstellen, S. 68, aber mit farbigen Pigmenten) oder gekaufte sein. Pastellkreiden lassen sich sehr einfach und schnell mischen. Sie tragen die Farben übereinander auf und verreiben sie mit dem Finger.

Material

1. Doppelstunde

• **Bleistifte**

• **halbiertes und ganzes A4-Papier**

• **Farbige Pastellkreiden**

• **Tesa-Krepp zum Aufhängen**

• **Zollstöcke**

• **Klebeband, eventuell Schnüre zum Markieren**

2. Doppelstunde

• **Festes Zeichenpapier, Ton**

• **Weiße Kreide oder Klebeband zum Markieren**

• **Digitalkamera**

3. Doppelstunde

• **Raum mit mehreren Computern und gutem Bildbearbeitungsprogramm**

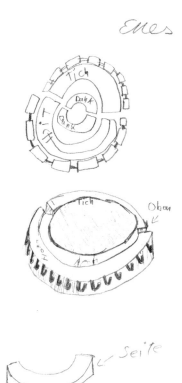

Jeder schätzt ab, wie groß, wie hoch, wie breit das, was
er entworfen hat, sein soll. Um sich den Entwurf besser im
Raum vorzustellen, werden dessen Dimensionen auf der
Wand (mit Klebeband) oder auf dem Boden (mit einem Seil
oder weicher Schnur) markiert. Mit einem Zollstock misst
jeder die Maße nach und trägt Länge, Breite und Höhe auf
seiner Skizze ein.

2. Doppelstunde – Modellbauen
Alle Ergebnisse hängen, mit Tesa-Krepp befestigt, als Skizzen
an der Wand. Gemeinsam werden in jedem Entwurf die
guten Ideen herausgesucht.
Jeder baut dann ein kleines Modell seiner Idee aus Ton und
Draht oder aus Papier. Jedes Modell wird vor einem einfar-
bigen Hintergrund fotografiert. Dabei sollten Sie auf den
Blickwinkel achten. Er muss suggerieren, das Modell hätte
bereits die originale Größe. Stellen Sie sich dazu vor, wie groß
Sie in Bezug zu dem realen Objekt wären. Fotografieren Sie
genau aus dieser Höhe. Der Bereich des (möglichst leeren)
Raumes, in dem das Objekt sich später befinden soll, wird
ebenfalls fotografiert. Stellen Sie sich beim Fotografieren
vor, das Möbelstück, das Objekt wäre schon da.

3. Doppelstunde – Am Rechner eine Simulation erstellen
Die Schüler schneiden im Fotobearbeitungsprogramm (wenn
möglich Photoshop) ihr Objekt aus und montieren es in das
Bild mit dem Raumausschnitt. Sie müssen es skalieren und
drehen können sowie die Farbigkeit anpassen. Die Ergebnisse
werden am Schluss auf eine CD gebrannt und zum Belichten
auf Fotopapier in Auftrag gegeben.

Ausstellung und Abstimmung
Zeigen Sie alles in einer Ausstellung: Die Skizzen, die Farbvorschläge,
die Modelle und die Simulationen. Machen Sie eine Abstimmung oder
eine Umfrage bei allen Betroffenen. Lassen Sie der Schulleitung das letz-
te Wort. Zusammen mit den städtischen Ämtern und deren Werkstätten
lassen sich solche Konzepte umsetzen. Hier, in unserem Fall, ermöglichte
ein Kontakt zu einer Werkstatt für angepasste Arbeit, mit den von der
Stadt für die Möblierung bereitgestellten Geldern die Schülerentwürfe
umsetzen zu lassen.

MIT DER GANZEN KLASSE

Zusammenarbeit

Plötzlich ist die Gruppe, die erklärt und zeigt, beinahe so groß
wie die, die noch dabei ist, ihren eigenen Projektteil fertigzustellen.
Den Schülern, die erklären, macht es genauso viel Spaß wie denen,
die Unterstützung bekommen.

Projekt:
Poster für den
Aufenthaltsbereich

Die Stimmung ist gut und das in der letzten Schulstunde des 10. Jahrganges. Während andere Schüler bereits feiern, sitzt die am Projekt beteiligte Klasse im Computerraum und arbeitet. Es geht um die Poster, die im Aufenthaltsbereich der Jahrgangsstufen 9 und 10 hängen sollen. Alle sollen fertig werden. Es ist ein gemeinsames Projekt.

Die Idee mit den Postern, auf denen die Schüler und ihre Zukunftsträume im Mittelpunkt stehen, stammt von denselben Schülern, die die Gestaltung des Aufenthaltsbereiches planten (siehe S. 125). Die Kunstlehrerin freut sich über die Motivation der Schüler. Wir entwickeln gemeinsam ein Konzept. Meine Aufgabe besteht darin, den Teil des Projekts zu betreuen, der am Computer stattfindet und auch darin, den Spaß am Gelingen zu vermitteln. Die Lehrerin kann sich während der Stunden im Team dem widmen, was ihr Anlass war, diesen Beruf zu ergreifen, nämlich die Schüler inhaltlich zu beraten.

Teamarbeit bringt Zeit
zu beraten

„Wie wünsche ich mir meine Zukunft?" ist das Thema. Die Schüler aller Jahrgänge betrachten auch jetzt noch sehr aufmerksam und neugierig die Poster mit den Träumen ihrer „Vorgänger".

Das Konzept ist ganz einfach. Jeder gestaltet seinen Hintergrund als klassische Collage. Zu sehen sind ihre Lebensziele: *„Wo möchte ich später sein?", „Was soll mein Leben prägen?", „Welchen Beruf möchte ich ausüben?", „Was wünsche ich mir?"*

Dann überlegt sich jeder, wie er sich in die Collage einfügen möchte. Hingestreckt auf der Kühlerhaube eines Autos lehnend, mitten zwischen einer Schar von Kindern hockend, als DJ vor dem Plattenteller oder als Pilot im Cockpit sitzend, auf dem Laufsteg gehend. Jeder lässt sich in der entsprechenden Körperhaltung vor einer weißen Fläche fotografieren. Am Rechner schneidet jeder die eigene Figur aus und montiert sie in den eingescannten Hintergrund. Die Farben werden angepasst, die Skalierung der Bereiche in Relation zueinander geprüft. Von dem Geld, das die Schule für die Umgestaltung des Aufenthaltsbereiches bereitgestellt hat, werden Fotoabzüge und Rahmen bezahlt.

Die Ergebnisse erfreuen alle. Was mir aber in ganz besonderer Erinnerung bleibt, ist das Arbeiten im Computerraum. Natürlich sind alle Schüler unterschiedlich schnell. Natürlich brauchen die, die noch nie mit einem solchen Programm gearbeitet haben, immer wieder Hilfe. Gute Schüler können Ihnen im Computerraum helfen, Sie müssen sich aber auch selbst mit der entsprechenden Software gut auskennen.

Wir haben das so geregelt, dass jeder Schüler, der schnell fertig ist, zunächst einmal Assistent wird. Das sieht dann so aus: Neben mir steht der Assistent, den ich anlerne. Ich diktiere einem Schüler am Rechner die Arbeitsschritte, die er ausführt. Gerade eben war der Assistent noch in der gleichen Rolle, hat am eigenen Poster gearbeitet. Jetzt hört er genau zu, denn beim nächsten Schüler wird er derjenige sein, der die Arbeitsschritte diktiert.

Die schnellsten Schüler werden zu Multiplikatoren

Die Assistenten lernen ihrerseits wieder neue Assistenten an. Die Schüler, die ihre eigene Arbeit am Rechner erfolgreich abgeschlossen haben, stellen ihre Dienste den Mitschülern zur Verfügung, die weniger Erfahrung haben und langsamer sind.

Jeder, der es braucht, bekommt Unterstützung

Eine solche Anweisung klingt dann zum Beispiel so:
„Jetzt gehst du in das Menü Bearbeiten, dort auf den Punkt Transformieren, dann wählst du Skalieren. Jetzt hältst du die Shift-Taste (bzw. Umschalt-Taste) fest und ziehst an dem äußeren Bild-Anfasser. Lass dir Zeit. Wenn du zufrieden bist, bestätigst du mit der Enter- bzw. Eingabe-Taste …"
Einmal als Schüler selber machen, dann ein Durchgang als Assistent und auf der letzten Stufe selbst zum Unterrichtenden werden. Sind sie dabei gut, bekommen sie sogar einen Assistenten. Zu zweit macht es sowieso noch mehr Spaß. Die Stimmung ist gut.

Plötzlich ist die Gruppe, die erklärt und zeigt, fast so groß wie die, die noch dabei ist, ihren eigenen Projektteil fertigzustellen. Den Schülern, die erklären, macht es genauso viel Spaß wie denen, die Unterstützung bekommen. Alle werden fertig.

Jeder hat etwas zu tun

Zum Probieren: Beispiele für jedes Fach finden
Hier wird eine schulinterne Lehrerfortbildung vorgestellt, in der den
Kollegen Freiraum zur Entwicklung ihrer eigenen Ideen gegeben wird. Im
Mittelpunkt steht die Kreativität der Lehrerinnen und Lehrer. Wer selbst
die Erfahrung macht, wie bereichernd kreatives Arbeiten ist, kann diese
Form der Arbeit überzeugend weitervermitteln.

Wir suchen gemeinsam nach konkreten Beispielen, wie Vielfalt in den unterschiedlichen Unterrichtsfächern zum Tragen
kommen kann.

1. Probieren Sie gemeinsam ein Beispiel aus. Setzen Sie dafür etwa 30 Minuten an. Von den hier aufgeführten Beispielen eignet sich besonders gut „Die eigene Farbe mischen" (S. 22).
2. Jeder Lehrer skizziert zunächst für sich Ideen aus seinen Fachgebieten. Dazu einige Anregungen aus unserem Kollegium: In der Mathematik können Ideen zum
   Abschätzen von Volumen, Flächen, Zahlen entstehen,
   bei denen ganz unterschiedliche Lösungswege zum Ziel
   führen. Im Fach Deutsch können es Visualisierungen von
   Gedichten sein. In den Fremdsprachen animieren Mind-
   maps zum Vokabellernen. Um Lieblingsbuchstaben herum
   können Geschichten oder Gedichte geschrieben werden, in denen der Buchstabe selbst und der Erzähler die
   Hauptrollen spielen. Im Fach Technik beobachten sich die
   Kinder gegenseitig beim Arbeiten und achten dabei auf
   die Körperhaltung, auf die Bewegungsabläufe und den
   Umgang mit den Werkzeugen. Den Möglichkeiten sind
   keine Grenzen gesetzt.
3. Sie erläutern Ihre Ideen Ihrem Nachbarn. Das darf ruhig ein
   fachfremder Kollege sein. Und natürlich stellt Ihr Kollege
   Ihnen seine eigenen Vorschläge vor.
4. Sie entwickeln gemeinsam eine oder auch zwei Skizzen.
   Sie probieren diese kurz zusammen aus.
5. Sie testen Ihre Idee im Plenum.
6. Sie verabreden einen Termin in etwa vier Wochen, um Ihre
   Erfahrungen im Unterricht miteinander auszutauschen.

ES WÄCHST
IMMER WEITER

Toilettenprojekt und Schülercafé International

Lässt man Projekten Zeit zum Wachstum, verändern sie nachhaltig die
Atmosphäre und das soziale Miteinander.

Das Toilettenprojekt –
die Umgestaltung eines scheinbar unveränderbaren
Zustandes

Das Toilettenprojekt existiert seit inzwischen acht Jahren.
Immer wieder empfangen wir Delegationen anderer Schulen,
die davon beeindruckt sind. So fördert ein ehemaliges
Tabuthema den Stolz der Schüler auf ihre Schule.

Das Problem

Den Anstoß zum Toilettenprojekt gab eine Schülerin des
5. Jahrgangs im Frühjahr 1999. Sie und alle anderen Schüler
wie auch Lehrer meinten damals, dass es unmöglich sei, die
Situation im Toilettenbereich zu ändern.
Das ist inzwischen völlig anders. Schülerinnen und Schüler
haben die Toilettenvorräume mit vielen Spiegeln versehen
– aus der Schule waren diese aus Sicherheitsgründen seit vielen Jahren verbannt. Mit schwarzem Tafellack gestrichene
Bereiche laden dazu ein, was sonst verboten ist: Mit Kreide
all das zu zeichnen und zu schreiben, was gefällt, provoziert
und was heimlich ist. Zu viert übernehmen Schülerinnen
bzw. Schüler jeweils für zwei Wochen die Verantwortung für
„ihre" Toilette und verteilen die zum Kritzeln auf den frei-
gegebenen Flächen benötigte Kreide. Schülerzeichnungen
bedecken die Wände.

Beim Wegwischen und Weiterzeichnen ergibt sich ein kom-   **Eine Lösung**
munikatives Spiel, in dem Meinungen ausgetauscht, kom-
mentiert und konfrontiert werden, in dem Beleidigungen
entschärft werden und sich Poesie entwickeln kann. Das
macht Spaß.

Die Mitarbeit beim Toilettenprojekt genießt bei den Kindern
– auch bei solchen, die sich chaotisch, cool oder aggressiv
geben – hohes soziales Ansehen. Grund dafür ist, dass sie
sich ernst genommen fühlen, das Ziel in ihrem Interesse liegt
und auch, weil sie praktisch und mit sichtbaren Spuren arbeiten. Dies gilt für alle Arbeitsbereiche, auch für solche,
die sonst als schmutzig oder niedrig eingestuft werden, wie

Putzen, und darauf achten, dass die selbst gestellten Regeln eingehalten werden.

Die Toilettenräume der Schule waren in unangenehmen Farben (Dunkelrot, schmutziges Gelb und Grün) gehalten. Alle wiesen mehr oder weniger starke Zerstörungen auf. Herumliegender Müll vermittelte einen unappetitlichen Eindruck. Einzelne Schüler verhielten sich in diesem Bereich unsozial, und andere litten darunter. Die Klobrillen waren zum Teil zerstört, die Wände mit Beleidigungen bekritzelt, ältere Schüler rauchten auf den Toiletten der jüngeren, Spiegel, Seife, Handtücher, Toilettenpapier und Toilettenbürsten gab es nicht, es war schmutzig und stank.

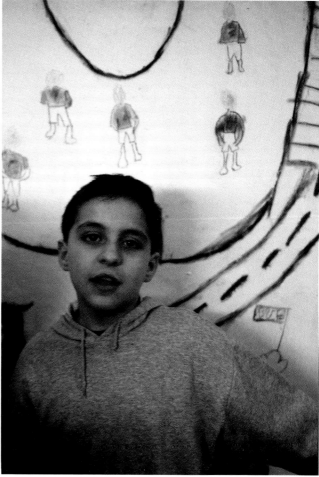

Die Kinder wünschten sich, dass es schön sein sollte, dass es **Bedürfnisse der Schüler**
Spiegel und Toilettenpapier, Toilettenbürsten und Abfalleimer
geben sollte, nicht geraucht werden durfte, dass es ordentlich und sauber sein sollte. Aber es ist auch klar, dass sehr
viele sehr gerne heimlich auf die Wände kritzeln möchten.
Die Toiletten sind der einzige Bereich in der Schule, wohin
sich Schüler ohne Aufsicht zurückziehen können. Hier wird
gegessen, getanzt, man agiert sich aus, trifft sich und sperrt
sich ein, um allein zu sein. Es ist ein wichtiger Ort.

In Gesprächen mit den Kindern, der Schulleitung, dem **Konzeptentwicklung**
Reinigungspersonal und den Lehrern entstand ein
Rahmenkonzept, das die soziale Funktion der Toiletten
berücksichtigt. Konkrete Fragen stehen im Raum: „Wie sollen
die Spiegel aussehen?", „Wie schützen wir unsere Arbeit?"
Alle Arbeiten, die Renovierung, der Entwurf der Zeichnungen
und deren Ausführung werden mit den Schülern geplant
und von ihnen umgesetzt. Zur Ermutigung, zur technischen
Unterstützung und Beratung stehe ich ihnen zur Seite.
Spenden für die nötigen Materialien erhielten wir von zwei **Hilfe von außen**
Düsseldorfer Firmen, denen das Problem einleuchtete und
die das Konzept überzeugte.

Das Projekt gliedert sich in drei Teile: die Renovierung und Ge- **Umsetzung**
staltung, den Toilettendienst und das Durchsetzungstraining.
Alle diese Teile entwickeln sich stufenweise, gleichsam orga-
nisch, einer aus dem anderen. Gruppen von jeweils vier bis
sechs Schülern renovieren, entwerfen und gestalten. Damit
alle der Jahrgangsstufe beteiligt werden können, kommen
zu jedem Termin andere Schüler. Gearbeitet wird einmal
wöchentlich vier Stunden, parallel zum Unterricht sowie
zusätzlich an unterrichtsfreien Tagen (Elternsprechtage,
Wandertage). Vom Sommer 1999 bis zur Fertigstellung 2001
haben etwa alle Jungen und Mädchen aus den damaligen
Jahrgangsstufen 5 mitgearbeitet. Den Kindern gelingt es, zu
streichen, ohne dass es spritzt und kleckst, und dabei langsam und sorgfältig vorzugehen. Das gilt auch für Kinder,
die damit sonst große Schwierigkeiten haben. Die kleinen
Gruppen lassen hier genug Zeit, geduldig anzuleiten und
Mut zu machen.

Chaotische wie schüchterne Kinder arbeiten mit Hingabe, großer Ausdauer und Liebe zum Detail. Sie machen die Erfahrung: *„Ich kann Anstrengungen aushalten, ich kann konzentriert arbeiten, ich leiste Arbeit, die von mir und den anderen für gut befunden wird."*
Und sie erleben, in einen Prozess eingebunden zu sein. Dieser beinhaltet die Schichtung des Wandauftrages in den Haftgrund, das Streichen der Farbe, Kreidezeichnungen, Fixierung, Lackierung, das Auftragen der Schutzschicht. Keiner dieser Arbeitsgänge lässt sich von den anderen trennen.

Die Vorräume sind mit Spiegeln ausgestattet. Zwischen den von einer Glaserei gestifteten Spiegelstücken kleben kleine Souvenirs der Schüler. Es gibt Toilettenpapier, Abfalleimer und Toilettenbürsten. Die Kunststoffwände sind weiß gestrichen. Die Schüler haben sie mit Wandzeichnungen bedeckt und diese fixiert, lackiert und versiegelt (siehe S. 86 und S. 94).

Technische, ästhetische, strukturelle Entscheidungen

Wegen der in der Schule zwar verbotenen, aber dennoch gelegentlich benutzten Eddings sind die Pastellzeichnungen mit einer selbst hergestellten transparenten Schutzschicht bedeckt, von der sich solche Kritzelspuren relativ einfach entfernen lassen (siehe: S. 94).

Damit sich die Schüler bei den dauerhaften Wandzeichnungen frei und ohne inhaltliche Einschränkungen ausdrücken können, gibt es zwei Regeln, die den formalen Rahmen für die Gesamtästhetik bilden: Es wird nicht farbig, sondern mit schwarzen, weißen und grauen Kreiden gearbeitet. Es werden keine Buchstaben oder Schriftzüge verwendet.

Alle Türen sind von innen mit schwarzem Tafellack gestrichen. Diese Flächen sind zum Bekritzeln mit weißer Kreide freigegeben. Mit Kreide darf hier alles geschrieben werden, denn es kann jederzeit mit einem Schwamm weggewischt werden. So kann sich jeder äußern und sich zugleich einfach gegen Beleidigungen zur Wehr setzen. Ein Kommunikationsspiel entsteht.

Alle Schüler, die beim Renovieren und Gestalten mitgemacht **schulinterne Öffentlichkeit**
haben, werden aufgeschrieben – ihre Namen werden unter
der Decke auf einem langen Band befestigt, so dass auch
spätere Generationen noch wissen, wer hier gearbeitet hat.
Zum Projekt gehören auch die Eröffnungen der fertig gestalteten Toiletten und es ist inzwischen selbstverständlich,
dass wir das Konzept auf den Jahrgangsversammlungen der
neuen 5. Klassen präsentieren.

Verbale und physische Zerstörung von Arbeitsergebnissen **Umsetzung**
anderer Schüler stellt ein sehr großes Problem dar. Um damit
umzugehen, sind an Projekten in schulöffentlichen Bereichen
möglichst viele beteiligt. Kinder, denen sonst wenig zugetraut wird, dürfen mit kaum entfernbarem Haftgrund und
Kleber arbeiten. Sie arbeiten damit erstaunlich sorgfältig,
ohne zu klecksen und zu schmieren. Sie trauen sich, eigene
Ideen zu nennen und umzusetzen. Die Arbeit findet in einer
fröhlichen, sehr konzentrierten Atmosphäre statt.

Obwohl die meisten Schüler zum ersten Mal eine solche Arbeit **Methode**
machen, kennen sie das Projekt. Denn die Konzeptions- und
Besprechungsphasen finden im Flur statt. Das ermöglicht den
jeweils nicht beteiligten Schülern, sich zu informieren, nach-
zusehen, wie weit die Arbeit gediehen ist, und Kommentare
abzugeben. Sehr unruhige Phasen in den Pausen – wenn alle,
die „heute nicht dran sind", sich um die Tagesgruppe scha-
ren und manchmal die, „die heute dürfen", ärgern – werden in Kauf genommen.

Konkrete Ergebnisse

Die Anerkennung seitens anderer Schüler verstärkt den Stolz auf die eigene Arbeit bzw. die Arbeit der Klassenkameraden. Die Tragweite des „Stellvertretertums", *„Ich arbeite heute stellvertretend für unsere Klasse mit"*, ist ungemein groß. Häufig schauen Schüler in die Toilettenräume hinein und sagen: *„Schaut mal, die Zeichnung hat die oder der XY aus unserer Klasse gemacht."*

Fertige Gestaltung

Die entstandenen Objekte werden kollektiv geschützt. Dies ist, angesichts der schwierigen Eingangssituation sehr bedeutsam. Tatsächlich ist es bis jetzt gelungen, dass die Arbeit geschätzt wird und nicht zerstört wurde, was alle Schülerinnen und Schüler vorher befürchtet hatten. Kleine Schäden werden vom Toilettendienst wieder in Ordnung gebracht.

Finanzierung

Das Amt für Immobilienmanagement der Stadt und das Schulverwaltungsamt haben dies wiederholt wahrgenommen und in Abstimmung mit dem Projekt Sanierungsmaßnahmen, aber auch ganze projektvorbereitende Teile – als Ausdruck ihrer Anerkennung – veranlasst und übernommen (siehe S.148).

Seit der Eröffnung der Toiletten gibt es den Toilettendienst: Vier Jungen und vier Mädchen sind zwei Wochen für ihre Toilette verantwortlich. Alle Schülerinnen und Schüler der Jahrgangsstufe sind beteiligt. Zur Übergabe des Dienstes an die nächste Gruppe findet ein Plenum statt. Hier werden neue Ideen ausgetauscht und weiterentwickelt, Probleme werden besprochen und Lösungen gefunden (siehe: Unsere Kiste fürs Klo, S. 103).

Der Toilettendienst findet in den beiden großen Pausen und in der Mittagspause statt, das Plenum alle 14 Tage parallel zum Klassenunterricht.

Inzwischen ist dem Toilettendienst eine zusätzliche Funktion im Schulleben übertragen worden. Aus dem Schülerplenum ist als fester Bestandteil das „Durchsetzungstraining" hervorgegangen. So ist auf der Basis der Ideen und Beobachtungen der Schüler und in Kooperation mit der Schulpsychologin und den Klassenlehrern ein ritualisiertes Trainingsprogramm entstanden (siehe: Durchsetzungstraining S. 108) **weitere Bedürfnise werden sichtbar**

Ziel ist es, sich erfolgreich durchzusetzen. Sehr schnell wird den Kindern inzwischen klar, dass dies selbstbewusst und höflich tatsächlich am besten gelingt. Wir üben den bewussten Umgang mit Körpersprache, den Zusammenhalt der Gruppe und das Sich-Respekt-Verschaffen, gerade auch älteren Schülern gegenüber. Und quasi als Belohnung für die Klasse gibt es am Ende der Toilettendienstzeit eine Doppelstunde für die Mädchen und eine für die Jungen, wo wir noch einmal Körpersprache und Konfliktlösungsmöglichkeiten im Rollenspiel ausprobieren, denn wie ich mir im Alltag Respekt und Achtung verschaffen kann, das betrifft jeden. **Durchsetzungstraining**

Die Presse (Rheinische Post, WAZ, Express, Rheinbote) und mehrere Fachzeitschriften haben mehrfach und ausführlich über das Projekt berichtet. So kommt es, dass uns immer wieder Delegationen von Schülern anderer Schulen aus Düsseldorf, aus NRW, aber auch aus anderen Bundesländern besuchen, um sich über das Toilettenprojekt zu informieren und es für ihre Schulen zu übernehmen. **Externe Öffentlichkeitsarbeit**

2007 fand im Rahmen des Nachhaltigkeitsaudits „Agenda 21" eine Projektpräsentation vor Lehrern anderer Düsseldorfer Schulen statt. Die Presse, Studenten und verschiedene Gäste besuchen immer wieder das Schülerplenum. **Darstellung vor Institutionen und anderen Gästen**

Im Verlauf des Projektes ist bei den Schülern zunehmend das Vertrauen gewachsen, Zerstörungen, Pannen und Schwierigkeiten beheben zu können, ihr Ziel nicht aus den Augen zu verlieren und ihr Projekt immer wieder neu zu beginnen und fortzuführen. Pauschale Vergeblichkeitsbefürch-

Soziales Ergebnis

tungen sind der sachlichen Erörterung konkreter Handlungs-
möglichkeiten gewichen.

Anstatt *„Es geht nicht"* tauchen Fragen auf: *„Was können wir machen?"*, *„Was für Möglichkeiten gibt es?"*. Die
Schüler haben erlebt, dass es möglich ist, konstruktiv mit
Zerstörung umzugehen. Natürlich geht ab und zu etwas
kaputt und es ist nötig jedes an der Schule neue Kind zu integrieren. Aber die Schüler haben gelernt, dass wir immer
wieder Lösungen finden. Unsoziales Verhalten ist seltener
geworden. Alle Beteiligten haben die Erfahrung gemacht:
*„Ich kann mit dazu beitragen, die Schule in meinem Sinne
positiv zu verändern."*

Funktionierende Struktur

Weil der Vandalismus in den Toiletten ausbleibt, investiert
die Stadt in diejenigen Toiletten, die zum Projekt gehören.
Gelingt es nicht, die Kommune mit einzubeziehen, entstehen
Kosten für eine eventuell notwendige Grundsanierung und
für Materialien wie Haftgrund, Tafellack, Wandfarbe, Kreiden,
Fixativ oder Haarspray, transparenter Decklack und Firnis.

**Personeller Bedarf
im Gestaltungsteil**

Für den Gestaltungsteil des Toilettenprojektes sollte man
einen freigestellten Kollegen oder eine zusätzliche Person
als Unterstützung gewinnen, die für einen Schultag pro
Woche über einen Zeitraum von etwa einem halben Jahr zur
Verfügung steht. Auch hier ist es von Vorteil, das Schulamt
zu überzeugen, das Grundieren und Vorstreichen der Wände
zu übernehmen. Dann reduziert sich der Zeitbedarf auf das
Zeichnen, Fixieren und das Auftragen der Schutzschichten.
Es empfiehlt sich, an dem Projekttag mit drei unterschiedlichen Vierergruppen zu arbeiten. Jedes Mal sollten andere
Schüler beteiligt werden.

**Personeller Bedarf
Toilettendienst**

Für die Moderierung und Begleitung des Toilettendienstes
benötigt man die dauerhafte Freistellung eines begleitenden Kollegen oder einer zusätzlichen Person für zwei
Wochenstunden. Dies beinhaltet eine längere Pausenaufsicht
pro Woche im Bereich der Toiletten und alle 14 Tage
zwei Moderationsstunden für die ritualisierte Übergabe,
Weitergabe und Weiterentwicklung der Aufgabe sowie ge-
legentliche Klassenstunden.

**Schülercafé International –
Idee, Planung, Bau, Management –
Betrieb einer Schülerfirma, die von einem ganzen
Jahrgang getragen wird**

Problem

Es ist Frühjahr 2001. Eine Lehrerin steht am Schultor. Sie hat
Aufsicht. Ihre Aufgabe ist es, die Schüler aufzuschreiben, die
in den Pausen unerlaubt das Schulgelände verlassen: *„Name?
Klasse?"* Ich komme dazu.

**Bedürfnisse von
Schülern und Lehrern**

Es betrifft Schülerinnen und Schüler aus den Jahrgängen 8,
9 und 10. Wir unterhalten uns. Sie möchten sich außerhalb
des Schulgebäudes treffen und auch dort etwas trinken oder
essen. In der Nähe gibt es einen Kiosk, etwas weiter weg
noch einen. Mir scheinen beide nicht sehr attraktiv zu sein.
Eine weitere Lehrerin kommt dazu. Sie bemerkt, eigentlich
bräuchte es überhaupt Treffpunkte, auch für die Lehrer, trotz
der zahlreichen vollen Lehrerzimmer.

Und für die Schüler?
Da gibt es einen Ruheraum für die Jüngeren, der an drei
Mittagspausen geöffnet ist und einen Raum, wo man Billard
spielen kann, beide unter Aufsicht, ist ja klar, muss ja auch,
es ist ja eine Schule. *„Wie wäre es, wenn die Schüler etwas
Eigenes hätten, einen eigenen, selbst konzipierten und gestalteten Treffpunkt, außerhalb des Gebäudes. Einen Bereich, der
so funktioniert wie das Toilettenprojekt?"* Von dem Moment
an ging es eigentlich nur noch um die Umsetzung.

Die Entwicklung des Konzepts beginnt im Schuljahr 2001/02.
Wir nutzen eine Doppelstunde, in der alle Schüler des 8.
Jahrganges Unterricht im „Wahlpflichtbereich II" haben,
dazu gehören Hauswirtschaft, Technik, Berufsvorbereitung.
Ich spreche mit jedem Kollegen. Jeder Kurs soll alle 14 Tage
jeweils zwei Delegierte zu dem zeitgleich stattfindenden
Plenum schicken. Damit kein Schüler zu viel Fachunterricht
versäumt, sollen jedes Mal andere Schüler kommen. So
ist jeder Einzelne des Jahrganges informiert und an den
Entscheidungen beteiligt. In der Regel kommen vier bis
acht Schüler.

Wir schreiben in jeder Sitzung ein Protokoll. Wenn ein Kurs **Konzeptentwicklung**
keinen Schüler schickt, weil für einen Test gelernt wird, ist
die Gruppe über die Protokolle dennoch informiert. Das erste
Plenum findet am 18. September 2001 statt. In dieser Struktur
arbeiten wir ein Schulhalbjahr an der Konkretisierung der
Idee. Wir bestimmen den Namen, entwerfen die Gestaltung,
bauen kleine Modelle, schreiben ein Konzept für den Betrieb,
entscheiden uns für den Standort und beginnen, Sponsoren
zu suchen. Gerd Hagmeister, der Techniklehrer, übernimmt mit
seinem Kurs des 9. Jahrgangs das Zeichnen des Grundrisses,
die Berechnungen und die Baubeschreibung.

Je konkreter die Idee Gestalt annimmt, desto deutlicher wird **Umsetzung:**
der große zeitliche Umfang des Projektes. Die Schüler sind **Gruppen, Zeit**
frustriert. Es ist abzusehen, dass sie innerhalb ihrer Schulzeit
an dem von ihnen neu geschaffenen Treffpunkt nicht mehr
selbst werden verkaufen und einkaufen können.
Im neuen Schulhalbjahr arbeiten wir mit dem 7. Jahrgang
weiter, diesmal mit zwei Stammklassen. Während der
Arbeitsstunden, in denen die Schüler Hausaufgaben machen
können, arbeiten jeweils Gruppen von vier bis acht Schülern
nach dem Rotationsprinzip weiter an der Konzeption.
Wir stellen eine Mappe zusammen, schreiben den Text
dazu und bewerben uns am 15. Juli 2002 um Gelder des
Umweltamtes.

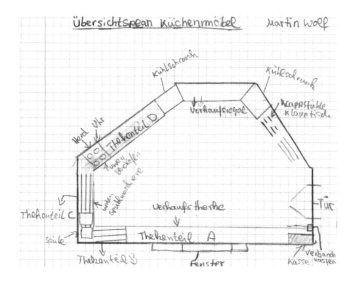

Schuljahr 2002/03: Wir arbeiten jetzt weiter mit Schülern des 8. Jahrgangs, beziehen aber andere Klassen mit ein, so dass wieder möglichst viele Schüler involviert sind.

Wir bereiten die Unterlagen für einen Bauantrag vor. Mit den Schülern erstellen wir dafür eine erste Nutzungsbeschreibung. Die Schüler des Technikkurses bauen ein Modell im Maßstab 1:10.

Komunikation mit Fachleuten

Währenddessen kämpfen wir uns durch das Dickicht deutscher Bauvorschriften. Das bedeutet Kommunikation mit dem Techniklehrer, dem städtischen Amt für Immobilien, dem Bauamt, den Stadtwerken, den Ingenieuren des Amtes für Immobilienmanagement. Als Entwurfsverfasser für den Bauantrag prüft und unterschreibt ein Architekt unsere Zeichnungen und Konstruktion. Die Schulleiterin unterzeichnet als Bauherrin. Wir geben den Bauantrag im April 2003 ab.

Schulinterne Öffentlichkeitsarbeit

Mit den Schülern kümmern wir uns parallel um die schulinterne Öffentlichkeitsarbeit. Um alle Schüler der Schule über das Projekt zu informieren, schreiben wir gemeinsam mit Irmela Specht, Lehrerin für Darstellen und Gestalten, und Schülerinnen des 7. Jahrgangs ein kleines Theaterstück, das wir auf mehreren Jahrgangsversammlungen, den „Assemblies", aufführen.

Finanzierung

Das Umweltamt genehmigt uns ein Drittel der veranschlagten Baukosten. Unser Bauantrag wird bewilligt.

Die Schüler stellen unser Konzept dem Amtsleiter des Stadtbezirkes Eller vor. Von dieser Stelle wird uns ein weite-

res Drittel der geschätzten Kosten zugesagt. Ein Drittel übernimmt die Schule aus Mitteln ihres Energiesparbonus.

Im Juni 2003 treffen wir uns an der Schule mit den für Elektrik,
Wasser und Heizung zuständigen städtischen Ingenieuren.
Die Stadt bietet uns an, die Laterne, die auf dem zukünfti-
gen Bauplatz steht, zu versetzen und beteiligt sich an den
Kosten für die Verlegung der Anschlüsse vom Schulgebäude
aus. In den Sommerferien 2003 werden die Anschlüsse für
Strom, Wasser und Heizung über etwa 30 Meter von einem
auf dem Hof befindlichen Pavillon aus verlegt.

Schuljahr 2003/2004: Wir vermessen die Baustelle und heben
die Gräben für das Fundament aus. Wieder erwartet uns
wirklich körperlich anstrengende Arbeit. Jede Woche packen Schüler der Jahrgänge 7 bis 9 mit an.

**Umsetzung:
Material, Technik**

Im Dezember 2003 bietet uns der Förster des Eller Schlossparks
an, uns Robinien, die er fällen lassen muss, zu schenken.
Besseres Bauholz können wir kaum bekommen (siehe: Allein
wäre es Wahnsinn, S. 51).
Die Klasse 9G berechnet im Mathematikunterricht, ob die
vom Förster bezeichneten Stämme für den Bau reichen und
wie viele wir davon brauchen. Der Transport in den Innenhof
ist schwierig, gelingt aber. In den nächsten Monaten entrinden wir die Robinienstämme mit Schäleisen. Wir verbrauchen
viele Pflaster für die Blasen an unseren Händen.
Bei der Verschalung der Fundamentgräben lassen wir uns
von zwei Firmen beraten. Die Höhe, die Tiefe, der Grundriss
müssen stimmen. Wir stoßen auf alte Betonreste. Da kom-

men wir mit unseren Spaten nicht weiter. Wir müssen eine Firma bitten, die Betonreste auszugraben und zu entsorgen. In diesem Bereich ist es besonders problematisch, die Verschalung zu setzen. Sie wird dem Druck des einfließenden Betons standhalten müssen und wir haben damit keine Erfahrung. Im April 2004 wird das Fundament gegossen.

Kommunikation mit Fachleuten

In der letzten Phase der Verschalungsarbeiten berät und hilft uns der Düsseldorfer Geschäftsführer der Firma Readymix. Dank seiner hat die Verschalung während des Betongusses gehalten. Das Fundament ist fertig.

Festakt als Öffentlichkeitsarbeit nach innen und außen

Am 5. Mai 2004 wird der Grundstein gelegt. Schüler des 9. Jahrgangs organisieren diesen Festakt und mauern eine Kapsel ein, in der sich ein Schriftstück mit den Unterschriften der beteiligten Schüler und Kollegen sowie der Klassensprecher aller Klassen befindet. Schüler schreiben und halten auch die Rede. Dazu haben wir alle unsere Sponsoren eingeladen.

Umsetzung: Zeit

Es geht langsam vorwärts, weil wir mit den Kindern und Jugendlichen in der Schule während ihrer Unterrichtszeit arbeiten müssen. Der Technikkurs des 10. Jahrgangs arbeitet jede Woche an der Spritzmauer aus Ziegeln und mit Ecksteinen aus Granit. Wir benutzen recyceltes Material. Mit der nötigen Vorbereitung – das heißt, Mörtel anmischen, die recycelten Steine säubern, Steine, Werkzeuge und Mörtel zur Baustelle bringen, das eigentliche Mauern und anschließende Aufräumen – schafft es der Kurs, in einer Doppelstunde etwa acht Steine zu mauern.

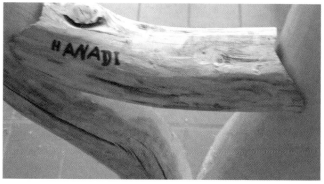

In ebenso kleinen Schritten werden die Grundbalken, jeder
davon einzeln, vermessen und gesägt.

Immer wieder werden wir gefragt, wann das Haus fertig
sei. Es ist, so in den Schulalltag integriert, eben ein sehr
langsamer Arbeitsprozess. Also bereiten wir wieder eine
„Assembly" vor, in der wir alle Schüler der Schule über unsere Arbeit informieren. Je länger der Prozess dauert, desto
mehr Schüler können bei diesem immer faszinierender wer-
denden Projekt mit dabei sein.

**Immer wieder nötig:
Schulinterne Öffentlichkeitsarbeit**

Vom 17. Januar bis zum 4. Februar 2005 findet das erste
schulinterne Betriebspraktikum statt. Die teilnehmenden
Schüler absolvieren ihr Praktikum nicht in einem Betrieb in
der Stadt, sondern in unserem Projekt. Die Praktikanten aus
dem 10. Jahrgang werden von Schülern des 9. Jahrgangs
interviewt. Andere aus dem 7. Jahrgang korrigieren den
Interviewtext und geben ihn in den Computer ein. Der
Stand des Projektes wird wieder auf den Assemblies jeder
Jahrgangsstufe vorgestellt. In diesem Zusammenhang wächst
unsere Projektdokumentation. Vor jeder Assembly wird der
Inhalt aktualisiert. Inzwischen kristallisiert sich auch die
Struktur des zukünftigen Café-Betriebes heraus.

**Neue Methoden inner-
halb der Schulstruktur**

Im Februar 2005 bekommen wir Weidenzweige vom Hexhof
aus der Urdenbacher Kämpe am Rhein. Doch wir haben
unser Tempo überschätzt. Bevor wir mit dem Beflechten
der Fachwerke beginnen können, wird noch ein Jahr
vergehen.

Im April 2005 besuchen wir mit einer Delegation von fünf
Schülern Reinhold Weber, den didaktischen Leiter der Joseph-
Beuys-Gesamtschule. Wir tragen unser Konzept vor und lassen
uns wiederum von ihm sein Buchhaltungssystem für eine kleine Schülerfirma erklären. Wir planen weiter die Einrichtung
und schreiben ein verbessertes Betriebskonzept. Währenddessen wird im Technikbereich der Schule das Fachwerkgerüst
weitergebaut. Jeder der naturwüchsigen Robinienstämme
und jede einzelne Verbindung müssen durchdacht, vermessen und angepasst werden. Die Stadt hilft, indem sie das
Gelände rings um das Schülercafé neu pflastert.

Feedback

Im Oktober 2005 schaffen es Gerd Hagmeister und Dark Reiter, Referendar, Zimmermann und Architekt, mit verschiedenen Schülern und Klassen innerhalb einer Woche das Fachwerkgerüst zu zerlegen, es bei schlechtem Wetter draußen aufzubauen und die Dachkonstruktion zu errichten. Am 28. Oktober feiern wir ein Fest im Regen mit Richtspruch und Scherben – wie es sich gehört.

In den nächsten Wochen wird das Grasdach fertiggestellt und bepflanzt. Die Arbeit im Technikbereich geht weiter.

Für jedes Fach müssen Eichenstaken vermessen, gesägt, angespitzt und eingesetzt werden.

Finanzierung und Konkrete Hilfe

Im Februar 2006 bekommen wir wieder Weiden vom Hexhof. Diesmal können wir, nachdem sie sortiert und zurechtgeschnitten sind, sofort mit dem Flechten beginnen. Schülerinnen und Schüler des 5., 7. und 9. Jahrgangs arbeiten mit. Kurz vor den Sommerferien beginnen wir damit, die ersten Fächer mit Lehm zu bewerfen.

Nutzungskonzept und Weiterentwicklung

Schuljahr 2006/2007: In diesem Schuljahr startet die Sozialwissenschafts-AG. Sie hat den Auftrag, eine Rechtsform zu finden für die Schülerfirma, die wir gründen wollen. Wir entscheiden uns für einen Schülerverein, der nach den Prinzipien einer Genossenschaft organisiert ist und lassen uns dazu von einem Rechtsanwalt beraten.

Wettbewerb als Form schulinterner Kommunikation

Die Kunst-AG veranstaltet einen Gestaltungswettbewerb für die Außenbemalung des Schülercafés. Es gibt drei 1. Preise. Die Entwürfe werden ausgestellt und immer wieder diskutiert.

Externe Kommunikation

Es stellt sich heraus, dass die Mehrheit der Schüler und Lehrer das Gebäude in Naturfarben gestaltet sehen möchte.

Bis Mitte Dezember können wir draußen mit Lehm arbeiten. Dann müssen wir auf der Baustelle eine Winterpause einlegen. Dafür beginnt der 5. Jahrgang jetzt damit, die Kacheln für die Innengestaltung zu bemalen.

Wir laden Lehrer anderer Düsseldorfer Schulen im Rahmen des Düsseldorfer Netzwerks „Bildung für nachhaltige Entwicklung" ein, unser Projekt zu besichtigen. Die Schüler überzeugen die Gäste. In der Folge stellt eine Mitarbeiterin der Verbraucherzentrale fair gehandelte Produkte für das Café vor. Auch die Managementgruppe des 9. Jahrganges beschäftigt sich damit. In dieser gibt es keinen Jugendlichen mit deutscher Abstammung. Ausdrücklich teilen sie den Studenten, die unser Projekt besichtigen, mit, sie wollen fair gehandelte Produkte in ihrem Café verkaufen, da an ihrer Schule so viele Schüler unterschiedlicher Nationalitäten seien. Die Schüler recherchieren zusammen mit der Sekretärin: 43 Nationalitäten allein in den Jahrgangsstufen 5 und 6.

Die Studenten sind vom Selbstbewusstsein und vom Engagement der Schüler ebenso beeindruckt wie die anderen Gäste und die Kollegen der anderen Schulen.

Bei einer Führung mit Gästen von außerhalb entdecken wir, dass zwei fast fertige Fächer des Fachwerkbaus mit grober

Gewalt zerschlagen worden sind. Der Schüler, der den Gästen die Baustelle vorstellt und der selbst am Bau beteiligt war, konstatiert ganz nüchtern: *„Wir haben mit Lehm gebaut, das ist jetzt von Vorteil, wir können Schäden reparieren."* Kein Frust war zu spüren, nur der Technikkollege ist bestürzt. Und in einigen Wochen ist die Wand wieder erneuert.

Nach den Osterferien geht es draußen mit dem Bau wieder weiter. Jede Woche arbeiten Schüler der 5. und 9. Klassen an den Lehmfächern. Vor den Sommerferien gibt es wieder ein Betriebspraktikum in unserem Projekt: „Lehmbau und Kalkputz". Die beteiligten sechs Schüler, drei Mädchen und drei Jungen des 9. Jahrgangs, bekommen ein Zertifikat. Sie arbeiten mit Engagement und halten bis zum letzten Tag durch. Dieses Zertifikat ist mehr als nur ein Zettel, es wird den Jugendlichen bei Bewerbungen wirklich nutzen.

Schuljahr 2007/2008: Alle Fünftklässler fahren mit ihren Klassenlehrern an den Rhein und sammeln geeignete Kiesel für den geplanten traditionellen Stampflehm-Mosaikfußboden. Die Schüler des 10. Jahrgangs stellen das Projekt auf einer Pressekonferenz vor, die von der Firma Karstadt ausgerich-  tet wird. Professor Klaus Hurrelmann aus Bielefeld hört zu und ist begeistert. Es geht weiter. Wir erstellen eine lange Liste, die noch abgearbeitet werden muss. Die Struktur wird klar: Die Kleinen der 5. Klassen bauen alle einmal mit. Soviel andere Jahrgänge wie möglich werden im Rahmen ihres Technikunterrichts ihren Beitrag leisten.
Die Schüler des neunten Jahrgangs werden in diesem Schuljahr den nach den Prinzipien einer Genossenschaft strukturierten Schülerverein gründen und ihm vorstehen. Einige Schüler der 10. Klasse werden beratend dabei sein.

Wir werden weiterhin Zertifikatskurse als schulinterne Praktika anbieten.

Wenn wir weiterhin so gut vorankommen, werden wir Ende des Schuljahrs 2008/09 unser Schülercafé International eröffnen können.

Manager im Schülercafé International

Struktur nachhaltiger Projektarbeit

Projekte, die sich in Reaktion auf reale Probleme in der Schule entwickeln, weisen eine verwandte Struktur auf. In einem spiralförmigen Prozess führen Impulse von außen und innen zu wirklich guten Lösungen.

Probleme und Funktionsstörungen kommen häufig erst dann zur Sprache, wenn Personen außerhalb des Schulkontextes die Schule betreten, denn Lehrer und Schüler haben sich meist schon seit Jahren mit den Missständen abgefunden und sich so arrangiert, dass sie versuchen, diese zu ignorieren. Meist werden ihnen diese Dinge erst beim Besuch schulfremder Personen bewusst. Ist das Problem benannt, folgt eine Phase möglichst präziser Analyse und zwar sowohl aus Schülersicht wie auch aus Sicht aller anderen betroffenen Personen.
Während sich in diesem Prozess Ideen zur Lösung herausbilden, empfiehlt sich die Kommunikation mit externen Fachleuten. Ziel ist die Entwicklung funktionaler technischer Realisierungskonzepte und erster Schritte zu deren Finanzierung. In mehreren Zyklen werden die Ideen verfeinert, ihre Umsetzung geplant und zusammen mit möglichst vielen Schülern ausgeführt. Alle Schulfächer, die dabei inhaltlich berührt sind, werden einbezogen. Schüler und Lehrer, die nicht beteiligt werden, sind durch Vorträge, Aufführungen auf Schülerversammlungen und durch die Präsenz der Baustelle über den Fortgang des Projekts informiert. Je nach Aufwändigkeit des Projekts endet diese Phase nach einigen Wochen, Monaten oder Jahren mit einer feierlichen Eröffnung.

Das Nutzungskonzept wird bereits lange vor der Fertigstellung entworfen. Eine Pilotphase beginnt direkt nach der Eröffnung. In regelmäßig stattfindenden strukturierten Treffen mit den beteiligten Schülern wird es fortlaufend angepasst. Über schulinterne Öffentlichkeitsarbeit kommt die gesamte Schülerschaft damit in Berührung und ist informiert. Jedes Problem wird zum Anlass genommen, die Konzeption zu verbessern.

Gestalterischer Teil
des Projektes

Konkrete Umgestaltung eines
Teils von Schule. Beispiele:
Umgestaltung der Toiletten,
Bau des Schülercafés

Kommunikation mit Fachleuten, die sich an
ihre eigenen Bedürfnisse als Kinder und
Jugendliche erinnern und deswegen helfen

Problem   ⟶   Bedürfnisse von Schülern und Lehrern

Schulinterne Kommunikation
mit Schülern, Lehrern,
Reinigungspersonal, Hausmeistern,
Sekretärinnen, Schulleitung

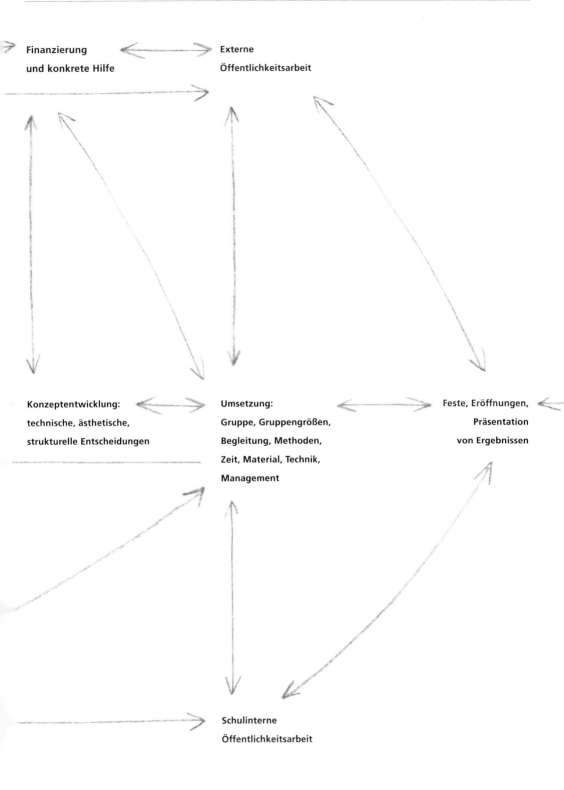

Finanzierung
und konkrete Hilfe

Externe
Öffentlichkeitsarbeit

Konzeptentwicklung:
technische, ästhetische,
strukturelle Entscheidungen

Umsetzung:
Gruppe, Gruppengrößen,
Begleitung, Methoden,
Zeit, Material, Technik,
Management

Feste, Eröffnungen,
Präsentation
von Ergebnissen

Schulinterne
Öffentlichkeitsarbeit

Nutzungskonzept

Nach Abschluss der Bauphase
setzt die Nutzung ein.
Das Konzept dafür wird
in Rückkopplungsprozessen
optimiert und angepasst.
Beispiele: Toilettendienst,
Management und Betrieb des
Schülercafés

Externe Kommunikation mit
Institutionen, anderen Schulen, Gästen,
Studenten

Fertige Gestaltung

Bedürfnisse von Schülern,
verschiedenen Schülergruppen
und Lehrern

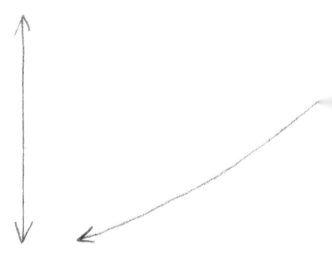

Schulinterne
Kommunikation

Externe
Öffentlichkeitsarbeit

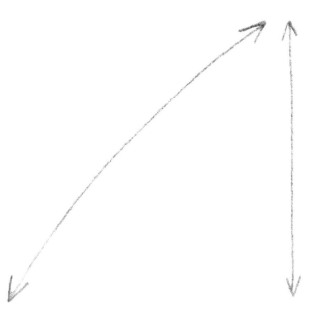

Nutzungskonzept:
Verantwortlichkeit, Entwicklung
von Methoden, Management,
Rückkopplung

Soziale und funktionale
Konzepte

Schulinterne
Öffentlichkeitsarbeit
Vorträge, Feste

WAS DAZU GEHÖRT

Einbindung und Kontinuität

Leben ist nicht statisch. Unsere Gesellschaft und unsere Schulen können
es auch nicht sein. Es ist nicht nötig, alles über Bord zu werfen, was
uns umgibt. Was nötig ist: Schule in einem kontinuierlichen Prozess
umzugestalten, an dem alle zur Schule gehörenden Menschen mit ihren
Fähigkeiten und Möglichkeiten beteiligt sind.

Kommunikation   In einem Gespräch über die vielen informellen Vorgespräche als notwendi-
ge Basis der Projekte sagt die Schulleiterin: *„Das Rezept Nummer 1 für das
Gelingen von größeren Projekten ist der Einbezug der städtischen Ämter."*
Ich erweitere: *„Es ist die Kommunikation mit allen Beteiligten."*
Ganz konkret als übertragbarer Grundsatz heißt das: Sprechen Sie über
die Grundidee eines Projektes zuerst mit der Schulleiterin oder dem
Schulleiter. Der inhaltliche Konsens ist Voraussetzung für das Gelingen.
Beinahe alle Projekte wirken sowohl nach innen wie auch nach außen und
die Verantwortung für diese Schnittstelle liegt bei der Schulleitung.
Sprechen Sie dann mit den Kindern und Jugendlichen und allen anderen
Personen, die mit Ihrem Projekt in Berührung kommen. Beginnen Sie den
Kommunikationsprozess inhaltlich so offen, wie es Ihnen möglich ist. Ideen,
die aus der realen Situation erwachsen, haben große Chancen, von allen
weiteren Gesprächspartnern verstanden und unterstützt zu werden.
In einem nächsten Schritt suchen Sie sich Partner für die Finanzierung.
Das ist sowohl über die Stadtverwaltung möglich, in der es sehr viele Men-
schen gibt, die sich wirklich freuen, wenn sie von einem einleuchtenden,
unterstützenswerten Projekt hören, als auch über Firmen. Kommunizieren
Sie, werden Sie aktiv. Die hier investierte Energie zahlt sich aus. Mit dem
ersten Partner haben Sie in der Regel gewonnen. Denn wenn einer hilft,
helfen meist auch andere. Nehmen Sie sich Zeit. Beziehen Sie ganz selbstverständlich Ämter, Firmen, Personen von „außen" mit ein.
Gehen Sie davon aus, dass Sie etwa fünfmal solange brauchen werden, wie
Sie zunächst glauben – und vielleicht ist das auch noch zu wenig. Holen
Sie sich von Beginn an Hilfe.
Bedenken Sie: Die Kinder profitieren von einer guten Projektarbeit so viel-
fältig, dass sich das Engagement auf jeden Fall lohnt. Die Freude, die Sie
und die Schüler am Gelingen und am Prozess als solchem haben, recht-
fertigt die Dauer.
Es funktioniert nur, wenn Sie und Ihre Schüler sich sicher sind, dass das,
was Sie gemeinsam planen, von wirklicher Bedeutung ist. Telefonieren
Sie, bevor Sie sich die Arbeit schriftlicher Anschreiben machen. Wenn Sie
merken, Ihr Vorhaben stößt auf Interesse, können Sie mit den Anschreiben beginnen. Das spart Energie.
In einigen Bundesländern gibt es Förderungen für solche Projekte an
Schulen. Machen Sie sich kundig. Liegt Ihre Schule zum Beispiel in Nord-
rhein-Westfalen, stehen Landesmittel für die „Tätigkeit von Künstlern
und Kunstpädagogen in außerunterrichtlichen Angeboten in allgemein
bildenden und berufsbildenden Schulen" zur Verfügung.
Die Fähigkeit des „Von-Außen-Blickens" gehört zu dem, was Künstler mit-

bringen. Dies öffnet den Blick für eine sensible Beobachtung, ohne zu be-
werten. Denn es geht darum, alle Schätze und alle Ödnis, alle Aggressionen
und alle Lust, allen Witz und alle Verzweiflung wahrzunehmen. Der offene
Blick auf die Schulwirklichkeit bildet dafür die Basis. Hinzu kommen die
Erfahrung sowie das formale und technische Wissen des Künstlers.
Es geht nicht darum, dass der Künstler eine fertige Lösung für bestehende
Mängel präsentiert. Er entwickelt formale Rahmenideen. Vor allem aber
begleitet er die am Schulleben Beteiligten dabei, Lösungen zu suchen
und stellt seine professionellen Fähigkeiten zur Verfügung. Die besondere Qualität von Kunst liegt in der sichtbaren materiellen Präsenz, die die
körperliche, die emotionale und die kognitive Ebene einschließt.

Künstlerische Begleitung

Um diese anspruchsvolle Arbeit leisten zu können, bilden menschliche
und fachliche Souveränität und Kompetenz wichtige Grundlagen. Es gilt,
den Schülern einfühlsam, offen, authentisch, mutig, anspruchsvoll und als
ganzer Mensch zu begegnen.
Es gilt, die Stärken der Kinder und Jugendlichen zu erkennen. Die Fähigkeit, ein Projekt erfolgreich zu begleiten, gründet sich auf ein gutes Gespür
für Stimmigkeit und erfordert eine hohe situative Präsenz. Das bedeutet
auch, sich nicht aus der Ruhe bringen zu lassen und Vergnügen am Lösen
unerwarteter Probleme zu haben und dies vor allem zu vermitteln. Das
stärkt die Kinder und Jugendlichen und gibt ihnen Sicherheit. So werden
sie im Verlauf des Projektes zunehmend selbstständig.
Die vielen unterschiedlichen Ebenen des Projektes müssen im Auge behalten werden. Gut organisieren und delegieren sowie mit ganz unterschiedlichen Menschen zusammenarbeiten zu können sind deshalb grundlegende
Anforderungen für eine gute Projektarbeit.
Kommunikative Rückkopplung wie die Weitergabe von Lob, Motivation,
neuen Gedanken und die Auseinandersetzung mit allen am Projekt Beteiligten sind fester Bestandteil. Dazu gehört auch das Verständnis für die
oft schwierige Situation der Lehrerinnen und Lehrer. Die wichtigste Basis solcher Projektarbeit ist die Achtung vor den Schülerinnen und Schülern.

Reflektierte Haltung

Eigenes handwerkliches und technisches Können ist von großem Vorteil.
Gestalterisch sollten Sie so erfahren wie möglich sein. Selbstverständlich
sollte sein, möglichst viele verfügbare Techniken, Medien, Materialien und
Arbeitsformen nutzen zu können.
Vor allem aber gehört dazu, die fachlichen Ressourcen aller am Projekt
Beteiligten zu erkennen und einzubeziehen. Sind technische Voraussetzun-
gen nicht vorhanden, müssen sie organisiert werden, also von außen dazu-

Technische Kompetenz

geholt werden. Notwendig ist es, im Blick zu haben, welche Arbeiten eine bestimmte Gruppengröße überhaupt zulassen.

Zeitliche Strukturen und flexible Gruppengrößen

Die zeitliche Struktur der Arbeit und die Größe der Gruppen sollten mit der Schulleitung und den Kollegen abgestimmt sein. Bei den vielen praktischen und konzeptionellen Arbeiten bestehen die Gruppen aus vier Schülern. Bis auf wenige Ausnahmen ist es ratsam, möglichst gleich viele Jungen und Mädchen zu beteiligen. Bei ungewohnten Lern- und Arbeitsformen hat sich bewährt, diese Viergergruppen wiederum in zwei Paare zu differenzieren. Ich habe beobachtet, dass es in so strukturierten Viergergruppen den Schülern beinahe immer gelingt, konzentriert miteinander zu arbeiten. Mit einem solchen Betreuungsschlüssel können sie so begleitet und gegebenenfalls unterstützt werden, dass sie eine authentische Erfahrung ihrer Fähigkeiten machen können. Dies stärkt die Schüler später auch im Klassenverband.

An der Dieter-Forte-Gesamtschule hat sich als Strukturprinzip etabliert, dass alle Schülerinnen und Schüler der 5. Klassen die Projektarbeit kennenlernen. Sie sind mindestens einmal an einem großen Schulprojekt beteiligt. Im 6. Jahrgang arbeiten sie wiederum in Viergergruppen, aber zunehmend eigenständig. In den höheren Klassen bilden Klassengemeinschaften die Basis, die Gruppengrößen variieren.

Teamarbeit

Ziel der Schule ist es, die in den Projekten gewonnenen Erfahrungen wieder in den täglichen Unterricht einfließen zu lassen. Aus diesem Grund sollten bei Projekten möglichst die Klassenlehrer miteinbezogen werden.

Eine weitere Aufgabe eines von außen kommenden Schulkünstlers, so offen verstanden, wie eingangs erläutert, besteht darin, die Lehrer bei deren eigenen Klassenprojekten zu beraten und begleiten. Eine solche Zusammenarbeit gibt den Lehrern die Chance, die Kinder und Jugendlichen aus einer ganz anderen Perspektive zu erleben. Als Klassenlehrer bleibt er für das soziale Funktionieren seiner Klasse verantwortlich, zugleich ist er aber auch Teilnehmer und Beobachter.

Die Teamarbeit ermöglicht es interessierten Kollegen, überhaupt Projekte durchführen zu können. Denn als einzelner Lehrer lassen sich viele Projekte mit einer Gruppe in Klassenstärke kaum realisieren. Einzelarbeiten und Teilbereiche des Projekts, die nur in sehr kleinen Gruppen ausgeführt werden können, müssen ausgelagert und parallel betreut werden.

Umgekehrt führt die Eigendynamik großer Projekte immer wieder dazu, dass Fachlehrer mit ihren Klassen für einen Teilbereich, in dem sie ihre Erfahrung einbringen können, die Verantwortung übernehmen. So leisten sie einen wichtigen Beitrag, indem sie zum Beispiel im Fach Mathematik den Materialbedarf berechnen oder im Fach Deutsch Texte schreiben und Vorträge erarbeiten. Ein Schulkünstler begleitet dies entweder direkt oder er steht den Kollegen als Ansprechpartner für organisatorische und technische Hilfe zur Verfügung.

Sinnvolle und nachhaltige Projekte brauchen eine langfristige Zusammenarbeit. Der Einsatz von Personen von außerhalb des Schulsystems an einem oder zwei festen Tagen in der Woche gewährleistet dies. Schulkünstler sollten mit einer Vertragsstundenzahl von 6 – 12 Unterrichtsstunden in die Schulstruktur eingebunden sein und ihre Bezahlung sollte der von Lehrern entsprechen.
Gelder für die Finanzierung der Materialien zu akquirieren gehört mit zur Projektvorbereitung des Schulkünstlers.

Personal- und Materialkosten

Innerhalb der Projekte wachsen Dinge, die die Möglichkeiten einzelner Beteiligter erweitern. Während der gemeinsamen Projektarbeit können Sie erleben, was entsteht, wenn jeder seinen Teil dazu beiträgt und dafür die Verantwortung übernimmt. Sie können erleben, wie sehr es einen entlastet, sich als Erwachsener nicht alles allein auszudenken. Sie bekommen Gelegenheit, Ihre Schüler als aktiv gestaltende Menschen kennenzulernen. Zudem verstärkt ein solches Engagement das positive Außenbild der Schule. Das wirkt auf die Motivation aller zurück, denn Lehrer wie Schüler besuchen gerne eine Schule, die für ihre Arbeit anerkannt wird.

Was man geschenkt bekommt

Parallel zu der Entwicklung der Projekte selbst, hat sich auch deren Struktur innerhalb der Schule herausgebildet und etabliert. Sie sind ein fester Bestandteil des Schullebens geworden. Dazu trägt einerseits die visuelle Präsenz der Ergebnisse, aber auch die wiederholte Einbindung der Schüler im Laufe ihres Schullebens bei. An der Dieter-Forte-Gesamtschule gibt es inzwischen zentrale Projektbausteine, mit denen jede Schülerin und jeder Schüler des 5. und 6. Jahrgangs, viele des 7., 8. und wiederum alle des 9. Jahrgangs einmal in Berührung kommen.

Einbindung in die Schulstruktur

Jedes Kind ist einmal an einem Gemeinschaftsprojekt beteiligt. Seit drei Jahren besteht dies aus dem Bau des Schülercafés. Das Ergebnis jedes Projektes ist im Schulgebäude sichtbar und damit im Alltag präsent. Auch nach Jahren führt der Weg durch das Gebäude an dem Projekt vorbei, zu dessen Gelingen auch die eigene Arbeit beigetragen hat. In den zwei Schulstunden, während derer das Kind innerhalb einer kleinen Gruppe

5. Jahrgang

beteiligt war, lernt es als wesentliche Strukturelemente kennen: Begrüßung – Verstehen des Gesamtzusammenhanges – Respekt vor der eigenen Arbeit und derjenigen der anderen Kinder, ohne die das Ganze nicht möglich wäre und sein wird – Vergnügen an der gemeinsamen Arbeit – Abschlussrunde mit Raum für Feedback und neue Ideen.

6. Jahrgang

Jedes Kind ist für zwei Wochen im Toilettendienst. Je vier Schülerinnen bzw. Schüler bilden eine Gruppe, die relativ eigenständig Verantwortung übernimmt. Die Gruppe arbeitet in einer gemeinsam entwickelten und gewachsenen Struktur. Anfang und Ende sind von ritualisierten Veranstaltungen wie Begrüßung und Abschlussrunde begleitet und dienen dazu, die Regeln weiterzugeben, anzupassen und zu erweitern.

Jahrgangsübergreifend

Besonders für Klassen, die auf welche Weise auch immer als „auffällig" gelten, können Projekte in allen Jahrgängen in Kooperation mit der Klassenlehrerin bzw. dem Klassenlehrer stattfinden.

Zur Kunst-AG für Begabte und Interessierte, die für Schülerinnen und Schüler aller Jahrgangsstufen offen ist, kann sich jeder anmelden. Sie findet zusätzlich zum Unterricht am freien Dienstagnachmittag statt. Diese Gruppe nimmt gestalterische Aufträge von der Schulleitung oder auch der Schülervertretung an, die in der Schulöffentlichkeit sichtbar und wirksam sind.

9. Jahrgang

Schüler führen das Management und den Betrieb des Schülercafés International. Noch befindet sich der Betrieb in der Gründungsphase einer Genossenschaft. In dieser stellt der 9. Jahrgang den Vorstand, Schüler des 10. Jahrgangs unterstützen sie dabei. Sie erarbeiten die organisatorische und strukturelle Form des Betriebs. In diesem Projekt werden jeweils alle Schüler einer Klasse nach ähnlichen Grundprinzipien wie denen des Toilettenprojekts die Verantwortung für den kleinen Cafébetrieb übernehmen.

Oberstufe

Einzelne Schüler oder auch kleine Gruppen arbeiten an für die Schule relevanten Projekten mit. Sie werden darin begleitet, betreut und gefördert. Sie können ihre Arbeit im Rahmen einer besonderen Lernleistung auswerten und dokumentieren und im Abitur anrechnen lassen. Aktuelles Projekt an der Dieter-Forte-Gesamtschule ist das Konzept für eine Erweiterung und Umgestaltung der Schulhomepage.

Gedanken, Einschätzungen und Erfahrungen

Schulkunst lebt von den vielen und unterschiedlichen Menschen. Von denen, die anfangen, sich begeistern lassen, mitmachen und durchhalten. Einige von ihnen wurden befragt. Sie bieten mit ihren Erfahrungen einen jeweils persönlichen, besonderen Blick auf die Projekte.

Margaretha Kurmann führte Interviews mit der Schulpsychologin, dem Techniklehrer, einer Klassenlehrerin, der Schulleiterin, der didaktischen Leiterin, einer Stufenleiterin, mit der Sekretärin, einer Reinigungskraft, Schülern und Schülerinnen verschiedener Jahrgänge, mit einem Verantwortlichen des Schulverwaltungsamtes, dem Geschäftsführer einer Düsseldorfer Firma und einem Kunsttheoretiker.

Margaretha Kurmann

Einblicke

Margaretha Kurmann hat Theologie und Pädagogik studiert und arbeitet seit 1979 als Referentin bei unterschiedlichen Organisationen. Ihre Arbeitsschwerpunkte sind: Frauen- und Gesundheitspolitik, Gesundheitsförderung, Beratung, Erwachsenenbildung.

Für die Stimmigkeit von Projekten sind Schülerinnen und Schüler ein sensibles Barometer. Die Sichtweise von Kolleginnen und Kollegen sowie von an kreativer Bildung interessierten Menschen gibt vielfältige Einblicke in die konkrete Arbeit. Ich habe mit den Menschen gesprochen, ohne die solche Projekte nicht möglich wären. Aus dem umfangreichen Material habe ich einzelne Erfahrungen und persönliche Sichtweisen zusammengestellt und in den Mittelpunkt gerückt – denn pädagogische Konzepte gibt es bereits reichlich. Zusammen ergeben sie ein vielfältiges Bild und vermitteln Einblicke in den Projektalltag der Schulkunst.

Die Schulkunstprojekte leben zuallererst von Menschen – dies wurde in den Interviews deutlich angesprochen. Als Person präsent zu sein, verbindliche Beziehungen zu den Schüler/innen und anderen Beteiligten und auch der Blick von außen haben wesentlich zum Gelingen beigetragen. In der Dieter-Forte-Gesamtschule ist es Ute Reeh – mit allem, was sie als Künstlerin ausmacht. In anderen Projekten, an anderen Orten wird es jemand anderes sein – ein Ingenieur, eine Köchin, ein Lektor –, und es wird etwas anderes entstehen.

Margret Rössler

Das ist Kür, was da stattfindet

Margret Rössler ist seit zehn Jahren Schulleiterin der Dieter-Forte-Gesamtschule und seit 34 Jahren Lehrerin. Schulleiterin zu sein bedeutet für sie,
größtmöglichen Einfluss zu haben, etwas im Zusammenwirken mit Kollegium, Eltern und Schülerschaft so gestalten zu können, wie sie es sich vorstellt. Das Wichtigste sind ihr die Schülerinnen und Schüler und deren gute
Bildungserfolge. Ihre Aufgabe in Bezug auf die Projekte versteht sie als Über-
setzungsarbeit zwischen den Projekt-Prozessen, Schülerschaft und Leitung.

Was sind die besonderen Anforderungen?
Ich habe es immer gerne, wenn etwas schnell fertig ist. Aber dann nervt
mich, dass man immer wieder darauf stößt, dass Zeiten und Organisations-
aspekte nicht zusammenpassen und man dann immer neue Lösungen
finden muss. So wie Schule gemacht ist, passt sie nur schwerfällig mit of-
fenen, freien, sich entwickelnden Projekten zusammen. Es ist alles sper-
rig. Frau-Reeh-Gespräche werden dann auch zu einem Brocken in meinem
Tagesablauf. Und der hat erst einmal gar keinen funktionalen Zweck. Das
ist alles Kür, nicht das, was auf den Nägeln brennt. Wir haben nicht die
Freiheit, ein solches Projekt als Kernprojekt zu definieren. Unterrichts-
versorgung hat Priorität.
Wofür nehmen Sie die viele Arbeit auf sich?
Die Projekte selbst haben etwas, was dieses Ganzheitliche repräsenti-
ert, was ich als mein eigentliches Ziel ansehe und was sonst in der Schule
nicht ohne weiteres herstellbar ist. Ja, ein solches Bau- und Wirtschafts-
projekt ist ein Teilbereich, in dem etwas verwirklicht werden kann, was
man für das Ganze unter den jetzigen Bedingungen schulischen Lernens
nicht schaffen kann.
Und etwas, das Ihnen wichtig ist?
Ja, es ist mir wichtig. Ich glaube, es ist nicht egal, dass das an unserer
Schule überhaupt existiert. Manches ist ja auch sehr beständig von dem,
was dabei entstanden ist. Und es gibt schon sehr gute Gründe, das immer
wieder zu machen.
Was haben die Projekte gebracht?
Teilbereiche sehen einfach sehr anders aus als am Anfang. Man kann sich
da anders wohl fühlen und bewegen. Sehr viel einladender. Und auch al-
tersgemäß. Man sieht sofort, wer da wohnt. Es sind Inseln entstanden in
diesem ziemlich großen Gebäude, die belebter sind und die langsam eine
Gestalt bekommen.

Wie wichtig ist Ihnen das Prozesshafte an der Arbeit?
Sehr, wobei ich aber ungeduldig bin im Prozess. Eigentlich schätze ich den
Prozess. Er ist Voraussetzung dafür, dass etwas einwirken kann, dass Leute
mit den Dingen zu tun bekommen. Die Alternative wäre: Man kauft sich
ein fertiges Teil. Und es gilt auch: Alles was erstellt und angeschafft wird,
muss gehalten und erhalten werden.

Was würde Ihnen Ihr Engagement erleichtern?
Wenn Schulträger eine solch wichtige Aufgabe einer Schule einfach zu-
gestehen würden: bezahlte Stunden und auch die nötigen Materialen. Was
sich in ganzheitlichen Projekten auch ganz besonders gut verwirklichen
lässt, sind die sich bietenden Möglichkeiten, dass die Schüler lebenskundlich
relevante Dinge lernen, die im Curriculum nicht vorkommen. Ich würde
mir wünschen, dass das noch unkonventioneller möglich wäre.

Was ist Ihr Lieblingsplatz in der Schule?
Ich glaube, es wäre ein Platz hier draußen im Gelände und nicht im Haus.
Ich finde das Gebäude als solches innen nicht schön. Es hat so vieles, was
man immer wieder überwinden muss. Und das sind so unsichtbare, kaum
merkliche Charaktereigenschaften, an die man sich gewöhnt. Gegen die
Farben, die hier sind, muss ich mich eigentlich immer aufbäumen. Und
damit das nicht so anstrengend ist, nimmt man sie nicht mehr so wahr. Da
rennt man an den Sachen vorbei, die unwirtlich sind. Dadurch verliert man
dann oft auch die Aufmerksamkeit dafür, was gemacht werden müsste.
Außen allerdings bietet das Gebäude mit seinem großzügigen College-
Stil auch einladende Terrassen, Innenhöfe und Plätze.
Ich freue mich auf die Einweihung des Schülercafés und eine florierende,
finanzstarke Schülerfirma, die richtig Geld macht und damit etwas anzu-
fangen weiß.

Irmela Specht

Das ist schön anzusehen, schön anzufühlen, das bringt Menschen miteinander in Kontakt

Irmela Specht ist seit 1979 im Schuldienst und seit 1982 in der Dieter-Forte-
Gesamtschule engagiert. Die Projekte und ihre Entwicklung hat sie von
Anfang an mitgetragen. Sie bezeichnet sich als „sehr linken Menschen"
und findet, was Intellektuelle tun, sollte auch dem Volk dienen.

Gibt es Schwierigkeiten?
Schwierigkeiten gibt es natürlich ohne Ende. Von Menschen in der Schule,

die nicht so begeistert sind von der Schulkunst, hört man kritische Bemer-
kungen wie: „Das Projekt macht Dreck, macht Arbeit, bringt Dinge in die
Schule, die da nicht hingehören. Schmeißt Strukturen über den Haufen
und das ist grässlich."

Macht es wirklich Dreck, Arbeit?

Dreck macht es natürlich schon. Aber den Dreck machen wir auch immer
weg. Es bringt natürlich Änderungen mit sich. Normalerweise ist dort ein
Raum, da stehen Videorekorder und Schränke drin und in den Schränken
liegen Blätter. Alles hat seine Ordnung. Und nicht irgendwelche Farben, die
stinken, oder Leitern. Und Ute Reeh hat in gewisser Weise eine Sonderrolle,
weil sie nicht mit Gruppen in Klassenstärke arbeitet. Manche Kollegen
bedauern sehr, selbst nicht diese Möglichkeiten zu haben. Dahinter steht
auch so ein bisschen der Schmerz oder die Enttäuschung: „Ich kann jetzt
keine schönen Sachen machen ..." Ein berechtigter Kummer.

Was fordert die Projektarbeit Ihnen ab?

Schwer zu ertragen ist, wenn man es nicht so gut machen kann, weil man
keine Zeit, keinen Spielraum hat und die äußeren Rahmenbedingungen
fehlen. Es kostet sehr viel Energie, weil es nicht vorgesehen ist in dem normalen System. Du musst es immer gegen die üblichen Alltagsstrukturen erarbeiten. Und da kommt man auch manchmal an Grenzen, an den Punkt:
„Jetzt hab ich einfach keine Kraft mehr dafür."

Spielen Neid oder Konkurrenz eine Rolle unter Schülerinnen und Schülern?

„Können wir nicht auch einmal so etwas machen?" Eine solche Frage
kommt häufiger vor. Aber Neid und Konkurrenz, die ja sonst schon eine
Rolle spielen, sehe ich bei den Projekten nicht. Da haben eigentlich alle die
gleichen Voraussetzungen, da kommen die gesellschaftlichen Unterschiede
nicht zum Tragen. Ute Reeh behandelt alle gleich. Sie glaubt daran, dass
in jedem kreative Fähigkeiten stecken und man diese nur hervorholen,
begleiten und fördern muss. Und das spüren die Kinder und Jugendlichen.
Ich glaube, das ist für die Schüler sehr entlastend.

Was hat Sie am meisten überzeugt?

Diese unglaublich wertvolle Erfahrung für mich selbst, aber auch für die
Schüler, dass alle etwas Schönes, Kreatives schaffen können. Das hat mich
am meisten berührt. Weil es eine Erfahrung ist, die wir ja sonst fast nie
machen in der Schule und nicht in der Gesellschaft. Und das Zweite ist, dass
so viele schöne Dinge entstehen, die auch nützlich sind. Die bleiben.

Dazu gehört auch ein langer Atem. Beispiel Caféprojekt: Anfangs war
noch nichts greifbar. Und trotzdem zu wissen, irgendwann wird es
entstehen und es wird gut sein. Da brauchst du einfach ganz viel Selbstvertrauen und Vertrauen in die Menschen, mit denen du arbeitest, und

viele fachliche Fähigkeiten.

Was hat das mit Kunst zu tun?

Ich finde, diese Projekte sind ein künstlerischer, kreativer Ausdruck von Menschen, mit dem alle auch etwas anfangen können, sie haben Ausstrahlung. Das ist schön anzusehen, schön anzufühlen, das bringt Menschen miteinander in Kontakt. Das schult auch ihre Fähigkeit für künstlerisches Empfinden. Jenseits von dieser ganzen Medienprägung. Gefühl für Farben, für Farbsprache, für Formsprache, für verschiedene Materialien.

Schülerinnen und Schüler der 10. Klasse

Mit Kunst, Design, Technik, Kopfdenken

Marcel Köhler, Abdulkerim Kasap, Rebekka Gallaun, Brenda Khumalo, Skipe Asani, Seda Surer, Lendita Reka engagieren sich im „Caféprojekt". Sie sind Ende 2007 in der 10. Klasse und werden die Schule bald verlassen.

Was macht ihr ganz konkret im Projekt?

Mauern. Mit Lehm arbeiten. Die Wände mit Kalk verputzen. Eine eigene Firma gründen. Formalitäten zur Vereinsgründung. Bei Gesprächen dabei sein, Fragen stellen, alles verstehen, was für eine Firma wichtig ist. Weiterarbeit im Vorstand. Entscheidungen, welche Produkte ins Sortiment sollen. Design des Cafés. Gespräche mit dem Rechtsanwalt. Organisation des Klassenwettbewerbs. Kosten kalkulieren. Außendesign. Projekt nach außen präsentieren. Eröffnungsrede schreiben und vortragen. Flechten. Lehmsteine herstellen. Sicherheitsfragen klären. Fünftklässler Fahnen für das Außendesign malen lassen.

Warum macht ihr mit?

Das Eintreten ist freiwillig, aber dann hängt man drin. Um Lehrern zu zeigen, dass wir es auch allein können. Die Kraft geben für die Schule. Wir sind die Älteren und zeigen es den anderen. Mal etwas anderes ausprobieren.

Was war das Beste an der Arbeit und was wünscht ihr Euch?

Das Gespräch mit dem Großhändler über „Fair Trade" Produkte. Die Rede vorzutragen. Steine aus Lehm selbst herzustellen. Mauern. Ich konnte meine Ideen einbringen. Sich trauen. Vor andere treten und reden. Man bekommt Selbstbewusstsein. Lehrer erkennen einen wieder. Sensationelle Ideen selbst zu haben. Unser Konzept auch gegen Lehrer durchzusetzen. Schule sollte Spaß machen. Lehrer haben auf unsere Interessen geachtet, das sollte es öfter geben. Wenn wir es zu bestimmen hätten, würden wir dafür sorgen, dass das Café fertig wird, dass das Büdchen ordentlich geführt wird, dass wir nichts umsonst gegeben haben.

Benedikt Jata
Einfach mal machen

Benedikt Jata ist 37 Jahre alt und lebt mit seiner Frau und zwei kleinen Kindern in Dormagen. Er arbeitet sehr viel, manchmal zu viel. Von Beruf ist er Bauingenieur. Inzwischen arbeitet er als Projektleiter für Sonderbaustoffe. Die praktische Arbeit fehlt ihm manchmal schon ein bisschen. Im Schulprojekt hat er als Leiter eines regionalen Betriebes den Beton für das Fundament des „Schülercafés" geliefert. Nach der Anfrage wegen einer Betonlieferung ging Benedikt Jata zunächst selbst zur Schule, um sich die Baustelle anzuschauen und möglichen Problemen vorzubeugen.

Und Ihr fachlicher Rat war mehr als nötig?
Für die meisten Leute ist Beton halt Beton. Die müssen ja nicht wissen, es gibt tausend verschiedene Sorten. Je nachdem, was man daraus machen will. Dazu gehört dann eben auch die Beratung. Ich meine, sie können auch nichts dafür, dass sie keine Ahnung von Beton haben. Das war dann mein Part.
Was hat Ihnen am meisten Spaß gemacht?
Das kann ich Ihnen sagen. Dass der Fahrer, der den Beton gebracht hatte – und es hat länger gedauert als üblich –, dass er so richtig Spaß hatte. Der war richtig mitgerissen, er hat selbst viel geholfen und angefasst, mit Begeisterung. Die Stimmung, wie die Schüler die Arbeit schnell begriffen haben und alle zusammengearbeitet haben, die ganze Atmosphäre war richtig gut. Da hat er richtig Freude gehabt. Das Projekt war eine nette Abwechselung. War einer von den Tagen, an die ich mich gerne erinnern werde!

Angelika Aschmoneit
Dass jeder sagen kann: „Das bin ich"

Angelika Aschmoneit ist Abteilungsleiterin der 5. bis 7. Jahrgangsstufen. Lehrerin ist ihr Beruf und ihre Berufung. Sie bereitet die für die Jahrgänge wichtigen Entscheidungen vor und setzt sich für die Umsetzung ein. Mit ihr spricht Ute Reeh alle Projekte ab, die in ihrer Abteilung stattfinden.

Wo sehen Sie Schwierigkeiten?
Wenn der normale Unterricht laufen muss mit den ganzen Leistungsabfragen, die die Kinder ständig über sich ergehen lassen und die Lehrer durchführen müssen. Das ist ein ständiger Widerspruch zu den Projekten, die sich in dieses Raster zunächst einmal nicht einfügen. Es ist wichtig, immer wieder auch das Wertvolle an dieser Arbeit herauszustellen und es mit der Schulwirklichkeit in Einklang zu bringen. Es bringt für die Schüler ganz viel Gewinn, es bringt für die Schule ganz viel Gewinn. Aber den einzelnen betroffenen Fachlehrern fordert es einiges ab.
Welche Spuren hinterlässt die Arbeit bei den Kindern oder Jugendlichen?
Früher haben sich manche Lehrer nicht richtig vorstellen können, dass Schüler sich darauf freuen, endlich an der Reihe zu sein, auf die Toiletten aufzupassen. Ich denke, dass sich hier schon eine Tradition entwickelt hat. Die nächsten Fünfer wissen dann schon wieder: „Nächstes Jahr sind wir dran." Das vererbt sich. Und ich sehe auch, dass die Siebener das Projekt schützen, weil das mal ihr Projekt war. Das wird so von Jahrgang zu Jahrgang weitergegeben.
Wodurch hat die Arbeit überzeugt?
Auch die eher skeptischen Lehrer spüren eine gewisse Entlastung. Anfangs meinten einige: „Wegen so was nimmt sie uns die Schüler aus dem Unterricht!" Jetzt wird es als wichtig angesehen, dass Schüler auch auf diese Weise zu verantwortlichem Handeln angeleitet werden können. Also, nachdem in der ersten Zeit sehr viel Widerstand existierte, wird das Projekt jetzt von allen mitgetragen.
Was hat auf Sie die größte Wirkung?
Das Schülerbüdchen. Erst einmal war es beeindruckend zu sehen, wie aus diesem Holz, das Ute Reeh und die Schüler gemeinsam aus dem Wald geholt haben, die tolle Fachwerk-Konstruktion entstand. Viele Besucher der Schule, aber auch Kolleginnen und Kollegen habe ich in den Technikbereich geführt und ihnen das Häuschen gezeigt: „Gucken Sie sich das an! Das können unsere Schüler, das haben die gemacht."
Auch deshalb ist mir wichtig, dass diese Arbeit bleibt.

Schülerinnen und Schüler im Toilettendienst

Wir haben dann verabredet, wer die Kisten tragen muss und wer darf

Paschalis Kapetakis, Eslem Kumkapu, Merve Dumaz, Sahin Güler sind im Herbst 2007 zuständig für den Toilettendienst in den von Schülerinnen und Schülern gestalteten Toiletten. Wenn sie nicht in der Schule sind, treffen sie sich am liebsten mit Freunden. Dies ist ihnen noch wichtig: Schwimmen, Kunst, Fußball und Sport.

Toilettendienst – da könnte man ja denken: „So eine miese Arbeit ..."?
Nein, es macht Spaß. Es ist nie Dreck da. Nur manchmal. Wir können ein Pfand nehmen. Wer Dreck macht, muss selber sauber machen. Auf den Mädchentoiletten liegt viel rum, manchmal Binden, das ist eklig. Wenn wir einen erkennen, der Ärger macht, rufen wir einen Lehrer. Wichtig ist, dass die Regeln eingehalten werden. Wir fühlen uns sicher im Toilettendienst. Eigentlich ist es ganz einfach. Aber manchmal sind welche hartnäckig. Dann muss man Druck zeigen. Das haben wir geübt. Der Ausweis ist sehr wichtig.

Was macht Spaß?
Spiele ausleihen. Dass wir vordrängeln dürfen in der Cafeteria. Einfach ganz nach vorne gehen und den Pass zeigen. Manchmal macht es Spaß, dass man der Boss – vier Bosse – ist. Tee aus dem Teeraum nehmen. Dass wir sagen können: „Geh bitte runter!" und alle vier zusammen den wegschieben.

Erzählt ihr Euren Freunden, Freundinnen, Eltern von eurem Projekt?
Ich erzähle viel davon, was Spaß macht. Ich habe zuhause davon erzählt. Das hat meinen Eltern gefallen, weil ich Verantwortung lerne. Zuerst fanden meine Eltern es ein wenig komisch: „Toiletten putzen?" Meine Eltern haben zuerst gefragt: „Hast du eine Strafe bekommen?"

Manuela Kossatz

Toll! Wie die da voll Leben sind

Manuela Kossatz ist als Schulsekretärin jeden Tag von 7 bis 15.15 Uhr in der Schule. Sie liebt Kinder und kümmert sich vielarmig um alle Belange, die anfallen. Für viele und vieles ist sie erste Ansprechpartnerin.

Was hätte Ihnen als Schülerin gefallen?
Was mir auffällt, ist das Schülercafé. Wenn die Kinder auf dem Dach da herumturnen. Mit dem Herrn Reiter und dem Herrn Hagmeister. Dann denk ich immer: „Toll! Wie die da voll Leben sind!" Dass die Kinder auch etwas anpacken können draußen. Und dass die nachher sehen, das haben wir zusammen gebaut. Oder, wenn sie in zehn Jahren einmal hierhin kommen: „Da war ich dran beteiligt!"
Warum funktioniert es aus Ihrer Sicht so gut?
Bei ihr ist es so, die Kinder arbeiten mit. Frau Reeh fragt. Ich glaube nicht, dass sie sagt: „Ihr macht jetzt dies oder das." Die Schüler arbeiten ja mit. Dass die sagen können: „Sollen wir's so machen oder so?" Und das ist im normalen Unterricht nicht der Fall. Da ist ein Lehrplan, der muss eingehalten werden.
Erleben Sie Ute Reeh als eine Lehrerin?
Nein, für mich ist sie keine Lehrerin. Ich kann das gar nicht begründen. Vielleicht, weil sie immer irgendetwas macht. Auch wenn hier einmal Treffen sind mit den Kindern, dann glaub ich, dass die Kinder nicht meinen, das ist eine Lehrerin.
Wie Sie gesagt haben, ist es manchmal auch so, dass man genervt ist?
Mit Frau Reeh ist es so, die hat das im Kopf. Und sie bleibt so lange stehen, bis es gemacht ist. Aber anders geht es mit ihr nicht. Und wie schwierig manche Dinge sind. Da denkt man: „Mein Gott, da geht man jetzt eben einen Eimer Farbe kaufen ..." Aber dann muss man erst mal zehn Anträge stellen. Das ist Verwaltung.

Gerd Hagmeister
Da verwickeln sich unsere roten Fäden

Gerd Hagmeister ist Techniklehrer. Nach einer Ausbildung zum Elektriker und einem Ingenieurstudium ist er Lehrer geworden. Für junge Menschen hat er sich schon sehr früh in der Jugendarbeit engagiert. Seit 1984 ist er im Schuldienst. Seit sieben Jahren arbeitet er eng mit Ute Reeh zusammen. Geduld, etwas beizubringen, ist ihm eine wichtige Eigenschaft. Dass Lehrer in ihrer Funktion manchmal zum Feindbild werden und vieles an Vertrauen und Zugang zu den Kindern daran kaputt geht – dies ist für ihn schwer zu ertragen.

Wann sind Sie richtig zufrieden mit Ihrer Arbeit in diesem Projekt?
Zum Beispiel nach ein, zwei Wochen, wenn man wirklich sieht, man hat was geschafft, man ist vorangekommen und man kann den nächsten Schritt angehen. Eigentlich bin ich auch zufrieden mit dem, was wir bisher geschafft haben. Das hat ja alles super geklappt: Abgesehen davon, dass es schon 5 Jahre läuft! Oder sechs Jahre? Und das ist eigentlich das, was ein bisschen frustig ist und was dann auch dazu kommt, dass man hört: „Wann wird denn das überhaupt fertig?" Aber in der Regel sind die Leute eher interessiert und sagen: „Wann können wir mal was machen?"
Sie haben vorhin angemerkt, dass es manchmal ins Lächerliche gezogen wird?
Wenn wir nicht voran kommen, dass wir uns ein Projekt zugemutet haben, das eigentlich nicht zu Ende zu führen ist. Dass wir uns übernommen haben oder dass wir von falschen Voraussetzungen ausgegangen sind. Dass wir nicht genug Biss haben, das fortzuführen. Wir haben schon viele Widerstände brechen oder umschiffen müssen.
Aber Sie selber finden es nicht lächerlich?
Die zeitliche Anforderung ist eigentlich das, wo ich das Gefühl habe, dass wir vielleicht nicht genügen. Bei allen anderen Anforderungen, denke ich, kann die Schule stolz dadrauf sein. Was das Technische, Organisatorische angeht, läuft das Projekt auf höchstem Niveau, das eigentlich das Niveau von Schülern weit überschreitet.
Haben Sie von der Projektarbeit profitiert?
Ja, klar. Allein dadurch, dass ich so etwas jetzt machen kann. Wenn Ute Reeh nicht gewesen wäre, dann hätte ich so ein Projekt gar nicht angefangen. Weil mir das dann doch eine Nummer zu groß gewesen wäre. Und da ergänzen wir uns total gut. Aber wenn ich nicht da gewesen wäre, dann hätten wir es auch nicht gebaut.

Was macht die Zusammenarbeit im Projekt leicht?
Leicht macht mir natürlich, dass mir Ute Reeh einige Sachen abnimmt, mit
denen ich dann nichts zu tun habe. Und eigentlich auch keine Lust habe,
dass ich damit was zu tun hätte. Finanzen, viele organisatorische Sachen.
Was kommt bei den Schülerinnen und Schülern an?
Die nehmen das sehr ernst. Denk ich. Und die meisten arbeiten gern
daran. Manche wollen auch gerne mitarbeiten, wollen auch diesen Status
haben, daran gearbeitet zu haben, sind dann aber oft zu pikiert, um in
die Matsche zu packen. Oder sind beim Bau der Möbel total genervt,
dass sie alles mit Bienenwachs einreiben mussten. Das riecht und klebt an
den Händen und das kannst du nicht abwaschen. Das sind dann schon
schwierigere Phasen. Aber nachher sind sie dann natürlich stolz, wenn
sie ihr Zertifikat kriegen.
Engagieren oder Abraten – Tipps für Andere?
Man soll sich einfach mal zutrauen, aus dem Rahmen rauszugehen, den man
so in seinem Trott gewohnt ist. Das bereichert. Ich denke, da muss man einfach mal reinspringen und trotzdem etwas machen, wo man nicht so fit ist.
Also, der Technikunterricht lässt sich als Chance nutzen?
Ja, natürlich. Da geht es um Fähigkeiten und Fertigkeiten. Es geht da aber
auch um exemplarisches Arbeiten. Und da kann man vieles rechtfertigen,
wenn es für die Jahrgangsstufe angemessen ist.

Lara Zeyßig
Es ist gut, so wie es ist …

Lara Zeyßig geht zum Zeitpunkt des Interviews in die 13. Klasse. Sie hat
2002 auf diese Schule gewechselt und sie fühlt sich dort sehr wohl. Lara
hat Lust auf Schule, sie ist neugierig auf neue Sachen. Über einen Freund
hat sie vom Projekt gehört und sich dafür interessiert. Jetzt arbeitet sie
einige Stunden am Tag für die Homepage. Auch in den Ferien.

Wie ist Ihr Gefühl für diese Arbeit?
Es macht Spaß, Gutes für die Schule zu tun. Die Schule zeigt zu wenig von
sich. Sie sollte mehr Stolz zeigen und gegen den schlechten Ruf angehen.
Ich identifiziere mich sehr mit der Schule und möchte von dem, was die
Schule mir gibt, zurückgeben.
Was haben Sie persönlich gelernt?
Ich habe Organisation gelernt, mich an Zeiten zu halten, mit Stress um-
zugehen.

Gregor Nachtwey
Es geht!

Gregor Nachtwey empfängt mich zum Interview in seinem Büro mit wunderbarem Blick auf den Rhein. Er ist bei der Schulverwaltung der Landeshauptstadt Düsseldorf u.a. dafür zuständig, Kunst und Schule zusammenzubringen. Als Diplomverwaltungswirt und ehemaliger Berufsmusiker bringt er zwei sehr unterschiedliche, aber wichtige Blickweisen für diese Arbeit mit. Sein Hauptanliegen ist es, Kultur an Schulen zu vermitteln, in der Hoffnung und Überzeugung, dass sich darüber besondere Potenziale bei Jungen und Mädchen wecken und fördern lassen. Kulturvermittlung ist für ihn absolut kein Luxus.

Was liegt Ihnen am Herzen?
Meine Funktion ist es, der Katalysator zu sein, Impulse zu geben. Kunst, Kultur sind ein Stück soziales Engagement. Sie bieten einen Schlüssel, der Gesellschaft etwas Gutes zu tun. Die Aufmerksamkeit zu pflegen gegen die Schnelllebigkeit, den Blick zu schärfen für Dinge, die wesentlich sind. Die Saiten erklingen zu lassen, die sonst ungehört bleiben.
Was hat Sie an den Schulkunstprojekten überzeugt?
Im Toilettenprojekt habe ich erleben können, dass jedes Thema angehbar ist. Die Runden, das Parlament mit den Schülerinnen und Schülern, die entwickeln und entscheiden, waren für mich sehr eindrücklich. Wichtig war mir, die Projekte konkret erfahren zu können. Hinzugehen und zu sehen, wie lebendig die Arbeit ist. Zu erkennen, dass es nicht nur schöne Theorie ist, sondern ganz konkrete erlebbare Ergebnisse erzielt werden.
Wo soll, wo kann solche Arbeit ansetzen?
Eine Stadt wie Düsseldorf kann sich viel leisten. Damit wird sicher viel Gutes getan, damit werden viele Projekte initiiert und durchgeführt. Es gilt aber auch, Situationen zu erkennen, wo es bereits wertvolle Projekte gibt und dort mitzugehen. Es ist nicht immer und vordergründig das Geld, das Projekte ermöglicht. Unterstützung kommt manchmal auch von unerwarteter Stelle. Das gibt neuen Mut und Auftrieb bei der Bewältigung des sonst so häufig erlebten Dschungels der Bürokratie: Da ist etwas, das kann ich jetzt gleich anpacken bzw. unterstützen. Es ist meine Überzeugung, dass so unmittelbarer materieller Wert entsteht.

Ulrike Kienbaum

Da kann ich als Psychologin nur jubeln

Ulrike Kienbaum ist seit 11 Jahren Psychologin an der Schule. Die Projektarbeit von Ute Reeh hat sie mitinitiiert und begleitet sie seitdem. Ihre
eigene Arbeit versteht sie als einen Raum von Ruhe und Reflexion, eine
privilegierte Stelle, die sie fruchtbar machen will.

Was ist das Besondere an den Projekten?
Als besonders wertvoll empfinde ich die Erfahrung der Kinder, dass sie durch
ihr Handeln und ihre Ideen konstruktiv Einfluss auf ihre Lebensumgebung
nehmen – sie erleben Selbstwirksamkeit. Den Schülern ist es bei vielen
Gestaltungen möglich, ihre Namen im Schulgebäude zu hinterlassen. Sie
können stolz auf sich sein und werden wahrgenommen. Zudem machen
sie neuartige Erfahrungen, wenn sie auch außerhalb ihres normalen
Klassenverbundes zusammenarbeiten. In der Klasse gibt es oft feste Rollen,
die Entwicklungen verhindern können.
Kunst oder Sozialpädagogik?
Ich finde die künstlerische Qualität sehr wichtig: Die Kinder als Menschen
wahrzunehmen, die potenziell künstlerisch arbeiten und dies herauszu-
fordern. Durch den Rahmen und die Vorgaben, die wenigen Vorgaben,
die Ute Reeh als Künstlerin gibt, mobilisiert sie in den Kindern künstlerische Potenziale.
Sie würden schon sagen, es ist wichtig, bei der Kunst zu bleiben?
Auf jeden Fall. Das macht nämlich den kritischen Unterschied. An einer dif-
ferenzierten Wahrnehmung zu arbeiten. Und da kann ich als Psychologin
nur jubeln.
Was bedeutet eine solche Arbeit für Schule überhaupt?
Das gibt Futter für den Möglichkeits-Sinn. Die Projekte ermöglichen exem-
plarische Lernprozesse, die in gute Produkte münden. Das ist in unserem
Schulsystem nicht die Regel, da sehr oft kurzfristige Leistungen abgefragt
werden müssen. Es gibt das drastische Schlagwort vom „Bulimie-Lernen"
– viel reinstopfen und dann ausspucken …
Also es geht nicht um Einzelprojekte, sondern um eine Entwicklung?
Entwicklungen tragen, durchtragen, ist wichtig. Die Projekt-Falle, „Wir
machen hier punktuell etwas und dann war es das", umgehen. Das hat
Ute Reeh bewundernswert geschafft.

Adelheid Krien

Sonst ist es so steril

Adelheid Krien ist seit 15 Jahren an der Schule tätig und damit fast am längsten im Haus. 13 Personen kümmern sich darum, dass die Schule jeden Tag sauber wird. Für die Arbeit dieser Kolleginnen und Kollegen ist sie zuständig. Von 8 oder 9 Uhr bis zum Abend, von montags bis freitags ist sie in der Schule. Sie nennt dies „mein Revier". Auf die Frage, was sie sich wünsche, sagt sie: „Ein Denkmal für den verstorbenen Hausmeister."

Was bekommen Sie mit von der Schulkunst?
Tobewurst oder Schlange oder was das war. Und das schöne Naturhäuschen. Hoffentlich bleibt das lange stehen. Es gab ein paar Sachen, die kribbelig waren: Wasser legen, Strom legen. Hinter der Tobewurst gibt es natürlich mehr Dreck, durch den Müll dahinter. Aber ich finde die Projekte toll. Sonst ist es so steril. Es wird wärmer dadurch. Ich hab da auch Freude dran. Hinreißend. Man sieht, dass die Schüler mit Freude drangehen ans Bauen. Schüler, die voller Elan dabei sind. Die gestalteten Toiletten sind sauberer. Ich finde die schön.

Alexandra Haußmann

Diese ganze Schule ist durchzogen von Spuren

Alexandra Haußmann ist die didaktische Leiterin der Dieter-Forte-Gesamtschule. Ein toller Beruf findet sie, auch wenn die Schulpolitik verlangt, mit knappen Ressourcen relativ viel zu erreichen. Wichtig ist ihr vor allem ein pfleglicher Umgang mit Kindern. Selbstwerdung im sozialen Kontext – sie nennt dies „mein altmodisch-humanistisches Bildungsideal".

Finden Sie etwas davon in der Realität der Projekte?
Wenn man sich nur mal das Toilettenprojekt anschaut. Die Kinder sind in einer Gruppe gestalterisch tätig geworden. Die Toiletten sind nach wie vor in einem sehr guten Zustand, weil die Kinder sich dafür verantwortlich fühlen. Das ist u.a. deswegen so, weil die Weitergabe der Verantwortung eine richtige Stafettenübergabe ist und zwar von Kind zu Kind! Entscheidend ist meiner Meinung nach: Wir brauchen die Kinder wirklich an der Stelle! Die machen einen guten und wichtigen Job. Wo sonst werden Kinder in der Schule richtig gebraucht?

Gibt es etwas, das Sie begeistert?

Wenn mir jemand vor zehn Jahren gesagt hätte, da wird jemand kommen,
der wird mit unseren Schülern zusammen ein Gebäude projektieren, die
Schüler werden die Entwürfe machen, sich die Baugenehmigung beschaffen und zwar angeleitet durch diese Person. Die werden sich die Materialien beschaffen, die werden Sponsoren an Land ziehen, die werden das
Ganze auch noch bauen. Wenn mir das jemand erzählt hätte, den hätte ich
ausgelacht. Es ist unglaublich, es funktioniert. Und jetzt wird das Ganze
in eine Schülerfirma überführt. Das Projekt da draußen, das ist wirklich
ein ideales Projekt, weil die Kinder ihre Talente ausleben, weil sie in einer
Gruppe arbeiten, Ältere mit Jüngeren, mit Fremden, weil sie Kontakt mit
dem Bauaufsichtsamt, mit allen möglichen schulfremden Leuten haben.
Zudem sehen die Kinder täglich, wenn sie an diesem Fachwerkhäuschen
vorbei in das Schulgebäude strömen: Etwas kann zwar lange dauern, aber
es wird irgendwann fertig. Dieses Häuschen hat ganz viel Symbolgehalt.
Das ist das Haus, das sich die Schüler selbst gebaut haben. Ich glaube, es
ist für Kinder gut zu wissen, dass sie auf einer Schule sind, die so etwas
ermöglicht, die sie nicht bloß vergattert.

Wen oder was braucht eine solche Arbeit?

Mit dieser ganzen künstlerischen Kreativität verbindet Ute Reeh gleichzeitig ein großes pädagogisches Talent und eine unglaubliche Zähigkeit.
Sie hält die Dinge hier wirklich am Leben. Ich glaube, ein Schulkünstler
muss ein Mensch sein, der seine Projekte sehr, sehr ernst nimmt und eben
über Jahre ernsthaft und unnachgiebig am Leben erhält und verfolgt. Ute
Reeh ist inzwischen auch schon ein lebender Teil dieser Schule geworden.
Eine personelle Kontinuität ist auch sehr nötig. Außerdem braucht man
eine ganz enge Kommunikation zwischen den Organisatoren in der Schule,
das sind an der Gesamtschule in der Regel die Abteilungsleiter, und dem
Schulkünstler. Man kann den Schulkünstler nicht nebenher laufen lassen,
sondern er muss eingebunden sein in die Organisationsstruktur der Schule.

Kay von Keitz

Kunst ist mit das Wichtigste überhaupt

Kay von Keitz wirft seinen Blick auf die Schulkunstprojekte als Kunsttheoretiker.
Über die Beschäftigung mit den Konzepten hinaus hat er sich vor Ort umge-
schaut und sich einen Eindruck von den Projekten und der Schulumgebung
verschafft. Das Interview fand direkt im Anschluss an seinen Schulbesuch
statt . Kay von Keitz ist einer der beiden Verantwortlichen für das jährlich

stattfindende Ausstellungs- und Veranstaltungsprojekt „plan – Forum aktueller Architektur in Köln".

Schulkunst – ein Projekt, Projekte oder worum geht es?
Eine Kette von Projekten und zugleich ein Gesamtprojekt, bei dem es ersteinmal um ästhetische Bildung geht, darüber hinaus aber auch um ganz allgemeine Bildungsinhalte. Die Frage „Wie soll es an einer Schule aussehen?" bedeutet letztlich: Wie soll es in unserer Umgebung, in unserer Gesellschaft überhaupt aussehen? Und: Was für Menschen sollen das sein, die wir aus Schulen „entlassen"?
Ich finde, dass die Dieter-Forte-Gesamtschule relativ ungepflegt aussieht. Wenn solch eine Architektur eine bestimmte Art von Abnutzung erfährt, entsteht keine schöne Patina, sondern sie sieht irgendwann einfach rottig aus. Und dieser Effekt einer ästhetischen Lieblosigkeit überträgt sich natürlich auf alle Menschen, die dort unterwegs sind. Wenn alles so angefressen aussieht, dann fühl ich mich als jemand, der dort zuhause ist, nicht sehr gewürdigt. Und umgekehrt habe ich das Gefühl, mit den Dingen dann auch nicht besonders schonend umgehen zu müssen.
Dieses Schülercafé ist in dem Zusammenhang ein tolles Bild. Nicht nur weil es völlig anders und ein Kontrast zum Schulgebäude ist. Die sehr begrenzten technischen und ästhetischen Möglichkeiten sind sehr leidenschaftlich genutzt worden. Man spürt, dass da ganz viel Herzblut hineinfließt. Solche Energien in der Schule sichtbar zu machen ist ein ganz wichtiges Moment für die Annahme dieses Ortes und das Gefühl, wahrgenommen zu werden.
Gab es Überraschendes beim Besuch in der Schule?
Was ich ganz erstaunlich finde, ist das Toilettenprojekt. Dass es tatsächlich gelingt, einen Schülerdienst zu kreieren, den man eher für undurchführbar hält: Die „niedere" Tätigkeit, Toiletten zu beaufsichtigen und in Ordnung zu halten. Dass es möglich ist, eine solche Arbeit in der Wahrnehmung ganz neu zu besetzen, so dass die Schüler das freiwillig und sogar gerne machen, finde ich wirklich sehr beeindruckend. Und gleichzeitig auch beispielhaft, weil man daran sieht, was man alles umwerten und umdeuten kann. Zum Wohle von allen.
Welche Rolle spielt die Kunst in der Schulkunst von Ute Reeh?
Es ist für diese Projekte ganz wichtig, dass sie von einer Künstlerin begleitet werden. Ich glaube, die ästhetische Schulung ist ein sehr wichtiger Hintergrund, den Ute Reeh aufgrund ihres Berufes und ihrer Arbeit als Künstlerin mitbringt – um nicht stecken zu bleiben in Details und um das Große und Ganze im Blick zu behalten, so wie es Künstler bei größeren

Arbeiten eben machen. Um auch ästhetische Strategien zu entwickeln und einen strukturellen Blick darauf zu richten, statt lediglich einen jeweils konkreten. Dieser weitere Horizont, das ist schon ein Qualitätsmerkmal, das durch eine Künstlerbeteiligung mit eingebracht wird.

Ist die künstlerische Handschrift von Ute Reeh in den Projekten sichtbar?
Ich glaube eher, dass es eine methodische Verwandtschaft durch die Art der Herangehensweise gibt. Ute Reeh setzt immer ganz stark auf Erfahrung. Das verschreibt sie sich selber auch in gewisser Weise bei ihrer Kunst – ein Ausprobieren, um etwas zu erfahren und auch zu spüren und daraus dann Weiteres zu entwickeln. Also, die Schülerinnen und Schüler erst einmal etwas erfahren und spüren zu lassen, bevor man sie leitet, steuert oder belehrt.

Braucht Schule Kunst?
Kunst ist mit das Wichtigste überhaupt. Wir müssen Leute ausbilden, die selbstständig, die souverän sind, die wissen, dass sie Persönlichkeiten sind oder werden können. Und auf diesem Weg ist Kunst von großer Bedeutung. Die Potenziale von Kindern auszuschöpfen und sie zu motivieren ist das Wichtigste. Und es müsste eigentlich das Einfachste sein.

Tim Luenen

Um das Beste aus mir rauszuholen

Tim Luenen ist 13 Jahre alt. Zur Kunst-AG hat er sich angemeldet, weil er neu in der Schule war. In der Gruppe kann jeder seine Vorschläge machen und dann entscheidet diese darüber. Zur Zeit arbeiten alle an den Farben und an der Gestaltung des Schülercafés. Tim findet die Arbeit in der AG abwechslungsreicher als im normalen Unterricht.

Was findest du gut an der Kunst-AG?
Wir können verschiedene Dinge machen, Räume wechseln, raus gehen.
Was ist für dich schwer?
Wenn ich ganz genaue Anweisungen bekomme und keinen Freiraum mehr habe.
Wofür braucht ihr Frau Reeh?
Wie wir Ideen ausführen. Um das Beste aus mir rauszuholen.
Kunst ist etwas, für das man kein Vorbild hat, sondern die komplett aus der Phantasie entsteht. Man muss lernen, sie zu erfinden. Kunst ist gut für die Allgemeinbildung.

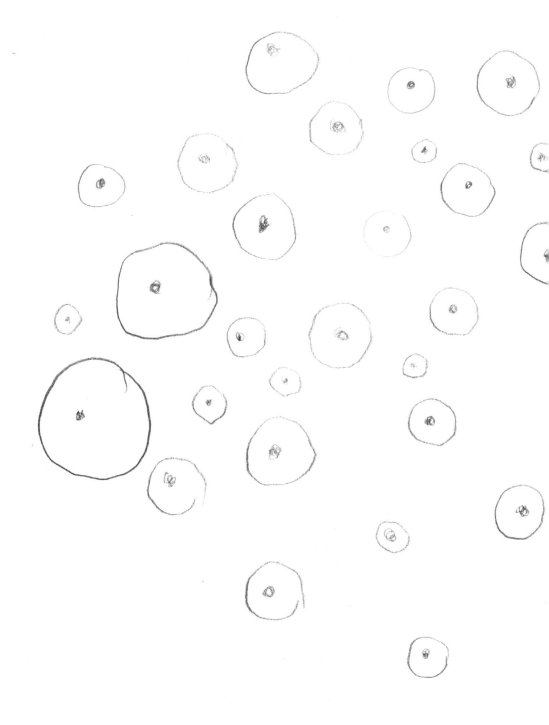

Ute Reeh – Menschen zusammen und ein Schüchterner

Bezugsquellen

www.gerstaecker.de – Schultemperafarben

www.cronenberg-buehnenbedarf.de – Stoffe für Bühnenbilder

www.kremer-pigmente.de – Pigmente, Wachs, Dammar, Terpentinöl

www.silco-tec.com – Graffitischutz permanent Typ FS

Autorin

Ute Reeh, geboren 1958 in München. Studierte Biologie, Kunsterziehung und freie Kunst mit den Schwerpunkten Performance, Skulptur und Video an der HbK in Kassel und der Kunstakademie in Düsseldorf. Sie war Meisterschülerin bei Nam June Paik. Ihre Arbeiten sind Zeichnungen, Performances, Videos sowie Skulpturen im öffentlichen Raum. Sie hat im pädagogischen und im freien künstlerischen Bereich Workshops und Lehraufträge projektiert und durchgeführt (Uni Siegen, Kunstakademie Münster). Seit 1998 arbeitet sie an zwei Tagen in der Woche als Schulkünstlerin an der Dieter-Forte-Gesamtschule.